解いて覚える！
くずし字・古文書ドリル

小林正博

JN195853

030

潮出版社

はじめに

昔の人が書いたくずし字・古文書を読めないのはどうしてなのか。

昔の人より私たちの方が、読み書きの能力はすぐれているし、漢字もたくさん知っているはずなのに、読めないのはなぜなのか。

読めない理由は、書かれている文字の字体・字形にほとんどなじみがないからなのです。字体でいうと、現代の新字体の漢字に対して、昔は旧字体の漢字が常用の文字だったのです。字形でいえば、現代の活字の漢字に対して、昔はくずし字で書かれていたからなのです。

江戸時代・近世は筆で文字を書く、近現代は鉛筆で文字を書く、そして平成・令和の時代はパソコンで文字を打つという激しい変化の中で「くずし字は遠くなりにけり」となり、私たちと古文書の距離はどんどん大きくなるばかりです。

ですから古文書を読めるようになるためには、今と違う昔の通用の漢字の字体、字形を一から学び直すしかありません。

本書では、近世の文書に頻出《ひんしゅつ》する漢字のくずし字を中心に、読み書きができるように編集しています。最大の特徴は問題形式、つまりドリル形式にして解読力の向上につながるようにしたことです。ドリル形式のくずし字問題集として一冊の本にするのはおそらく初めての試《こころ》みだと思います。これは小学生の子どもたちのための漢字の読み書きの教材として、ドリル形式の漢字練習帳が本屋さんにずらっと並んでいることにヒントを得たものです。「くずし字をみて解読する↓解答の漢字を見てくずし字を書いてみる」、これを何度もくりかえす、つまり「読んで覚える」「書いて覚える」のくりかえし学習法を取り入れた「くずし字・古文書」の入門書です。

本書では、超頻出漢字・同じ偏《へん》や旁《つくり》の漢字・似たくずしの漢字・特殊なくずし字・二字熟語・常用表現などに分類し、くずし字どうしを関連付けながら学べるように工夫しています。このドリルの構成は、フリーランスの研究者・デザイナーである梶川貴子さんにお願いしました。

また、潮出版社には、これまで本書を含め潮新書の古文書入門シリーズとして五冊を世に出していただき、筆者が運営する「一般社団法人古文書解読検定協会」が実施する「古文書解読検定」

普及の後押しもしていただいており、感謝に耐えません。

読者の皆様にも、本書をしっかり学習していけば、想像以上に近世の文書がすらすらと読めるようになっていることを実感していただけると確信するものです。

ぜひ本書を活用して、古文書学習への第一歩を踏み出していただければ、編者としてこれ以上の喜びはございません。

令和元年九月五日

一般社団法人古文書解読検定協会代表理事　小林正博

解いて覚える！　くずし字・古文書ドリル◉目次

II 二字熟語編

III 常用表現編

装丁／清水良洋（Malpu Design）
本文デザイン／佐野佳子（Malpu Design）
構成／梶川貴子

「古文書解読検定」について

本邦初の「古文書の解読検定」と銘打って、二〇一六年七月からスタートした検定試験です。三級・準二級・二級までが郵送形式の試験、準一級・一級は会場での試験になっています。

これまで、検定対策本として柏書房から『実力判定　古文書解読力』、『誤読例に学ぶくずし字——古文書解読検定総復習』、潮出版社から『読めれば楽しい！古文書入門』、『これなら読める！くずし字・古文書入門』、『書ければ読める！くずし字・古文書入門』を出版しています。

本検定の特徴は、合否はもちろん総合順位、問題別正解率、都道府県別合格者数などがわかることで、けっこう刺激的な試験になっています。

本検定に興味のある方は、古文書解読検定協会へ、おハガキまたは協会ホームページより「検定案内パンフ」をご請求ください。

おハガキでの検定案内パンフ請求先（郵便番号　住所　お名前・年齢を記入の上）

〒192-0082　八王子市東町6-8-202　古文書解読検定協会宛

I

単漢字編

【超頻出漢字を確認する】

超頻出漢字①

得点

点

(1)

（　　）

(2)

（　　）

(3)

（　　）

(4)

（　　）

(5)

（　　）

(6)

（　　）

(7)

（　　）

(8)

（　　）

(9)

（　　）

(10)

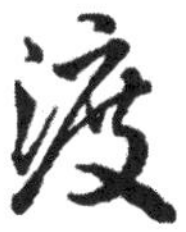

（　　）

解答と練習

超頻出漢字①

（　）内は旧字

(1) 可

(2) 儀

(3) 相《あい》

(4) 由《よし》

(5) 旨《むね》

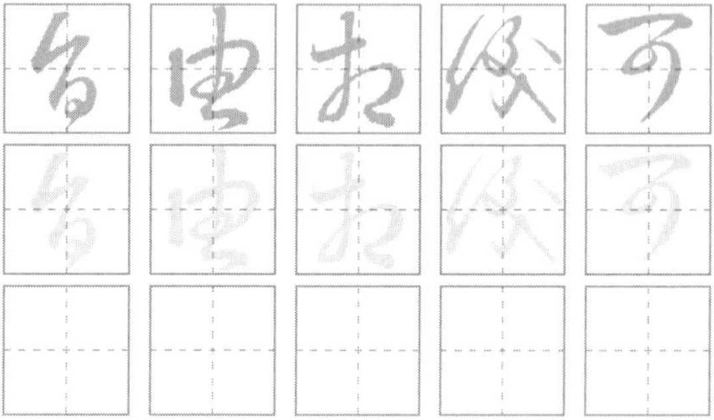

(6) 様《よう》

(7) 処（處）

(8) 給

(9) 仰《おおせ》

(10) 渡

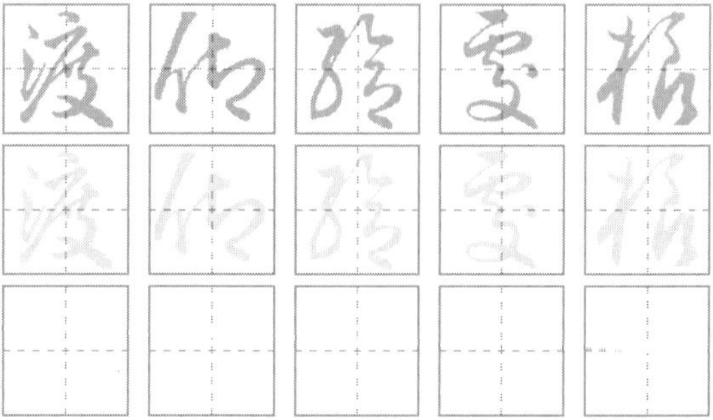

【超頻出漢字を確認する】

超頻出漢字②

得点
点

(1)

(2)

(3)

(4)

(5)

(6)

(7)

(8)

(9)

(10)

(1) 右

(2) 之

(3) 通

(4) 以《もって》

(5) 書

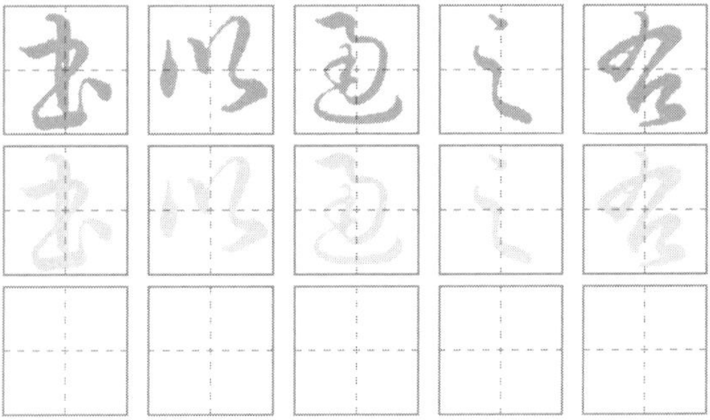

(6) 付

(7) 乍《ながら》

(8) 恐

(9) 申

(10) 上

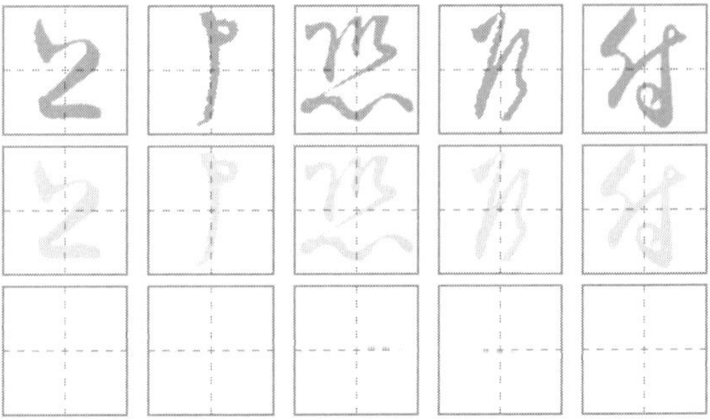

【超頻出漢字を確認する】

超頻出漢字③

(1)

(2)

(3)

(4)

(5)

(6)

(7)

(8)

(9)

(10)

得点　　点

(1) 無

(2) 御

(3) 座

(4) 坐

(5) 候

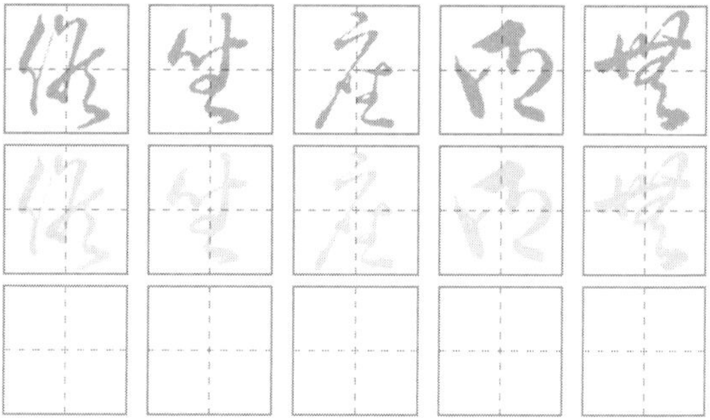

(6) 事

(7) 心

(8) 得

(9) 間

(10) 敷

【超頻出漢字を確認する】 超頻出漢字④

得点
点

(1)

（　　）

(2)

（　　）

(3)

（　　）

(4)

（　　）

(5)

（　　）

(6)

（　　）

(7)

（　　）

(8)

（　　）

(9)

（　　）

(10)

（　　）

解答と練習

超頻出漢字④

(1) 被

(2) 成

(3) 下

(4) 奉《たてまつる》

(5) 願

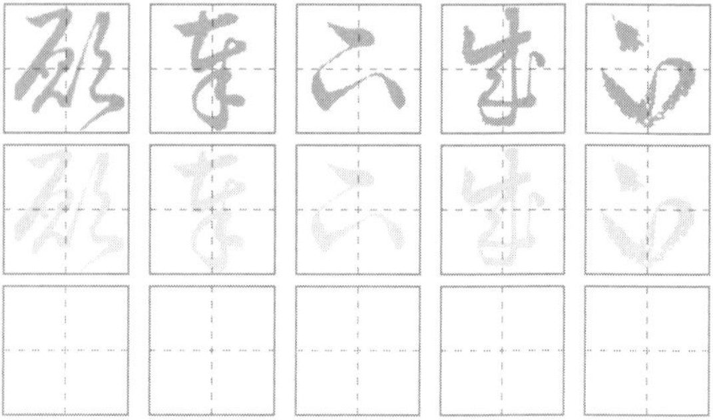

(6) 取

(7) 置

(8) 也《なり》

(9) 罷《まかる》

(10) 在《あり》

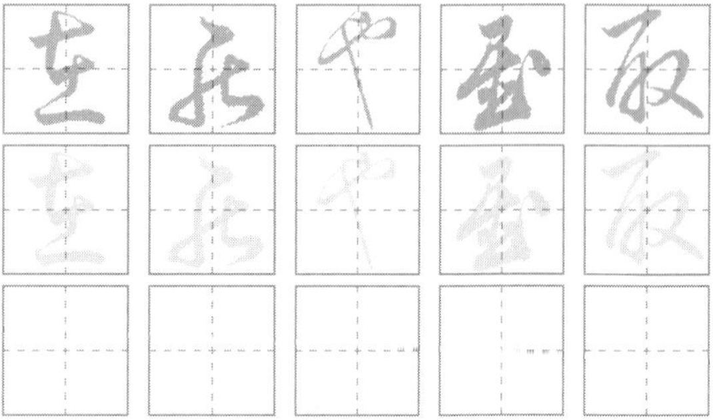

【超頻出漢字を確認する】

超頻出漢字⑤

(1)

（　　）

(2)

（　　）

(3)

（　　）

(4)

（　　）

(5)

（　　）

(6)

（　　）

(7)

（　　）

(8)

（　　）

(9)

（　　）

(10)

（　　）

得点　　点

(1) 急

(2) 度《たく》

(3) 存

(4) 知

(5) 村

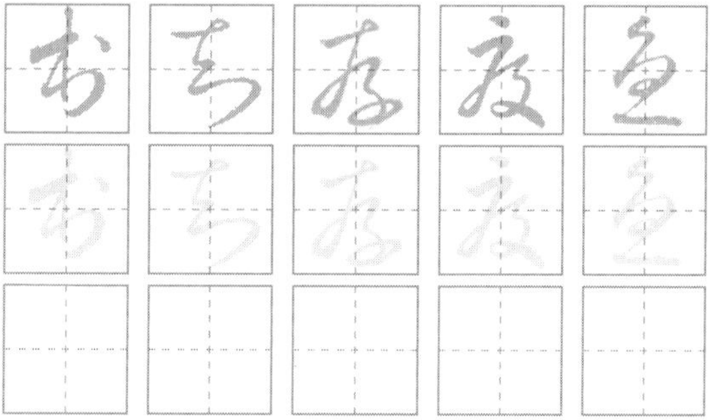

(6) 為

(7) 不

(8) 仕《つかまつる》

(9) 出

(10) 来

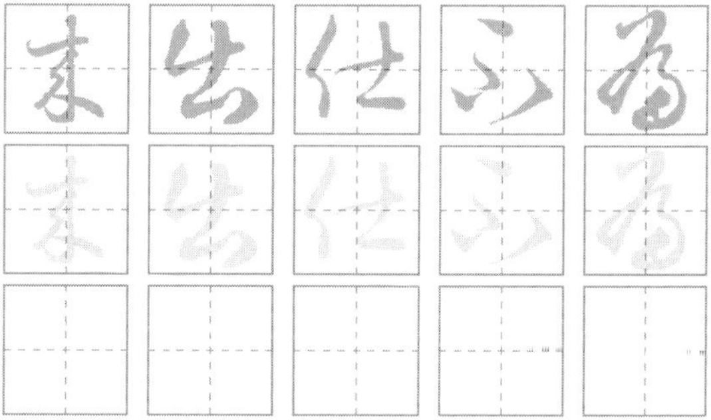

【似たくずしを押さえる】田のくずしのなかま

得点　　点

(1)　(2)　(3)　(4)　(5)

(6)　(7)　(8)　(9)　(10)

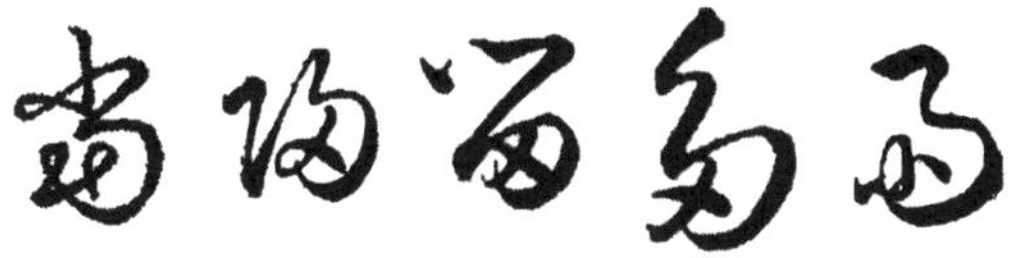

解答と練習

田のくずしのなかま

（　）内は旧字

(1) 田

(2) 両

(3) 福

(4) 備

(5) 満

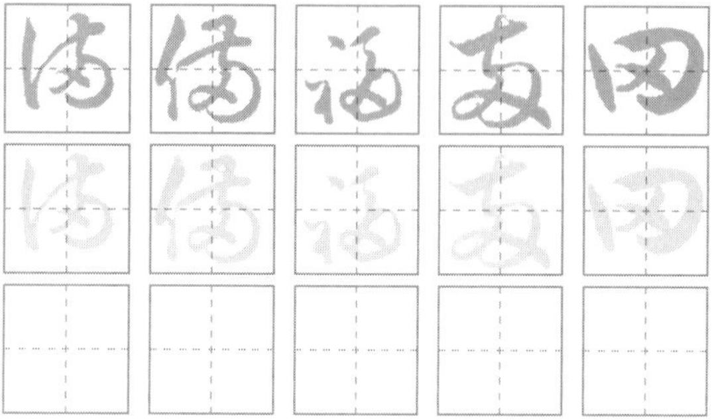

(6) 雨

(7) 多

(8) 留

(9) 帰

(10) 当（當）

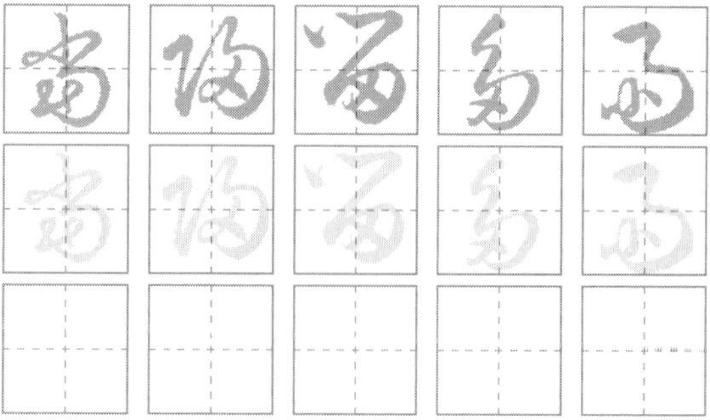

【似たくずしを押さえる】

印とその類似のくずし

得点

点

(1)

(2)

(3)

(4)

(5)

(6)

(7)

(8)

(9)

(10)

解答と練習

印とその類似のくずし

（　）内は俗字

(1) 印

(2) 仰

(3) 神

(4) 命

(5) 師

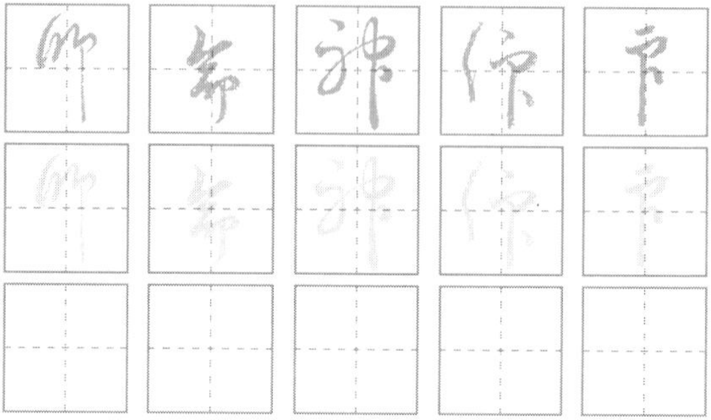

(6) 卯

(7) 抑

(8) 外

(9) 逃（迯）

(10) 迎

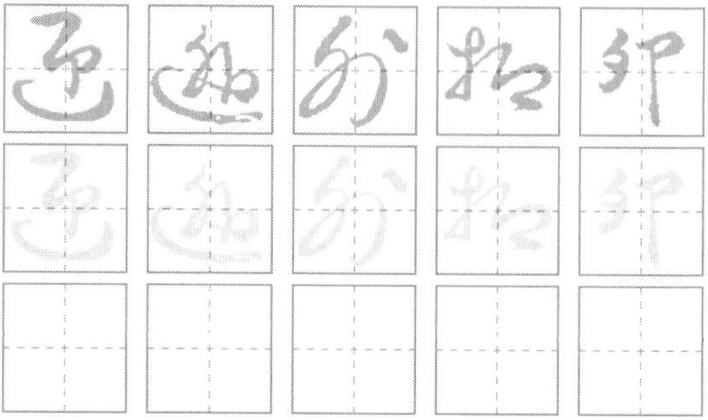

【似たくずしを押さえる】頭部が羊のくずし

得点
点

(1)

(2)

(3)

(4)

(5)

(6)

(7)

(8)

(9)

(10)

解答と練習

頭部が羊のくずし

(1) 羊

(2) 善

(3) 繕《つくろう》

(4) 差

(5) 美

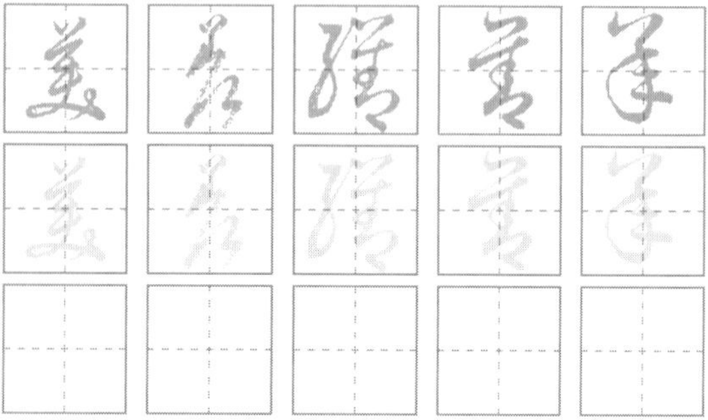

(6) 着

(7) 様

(8) 義

(9) 儀

(10) 議

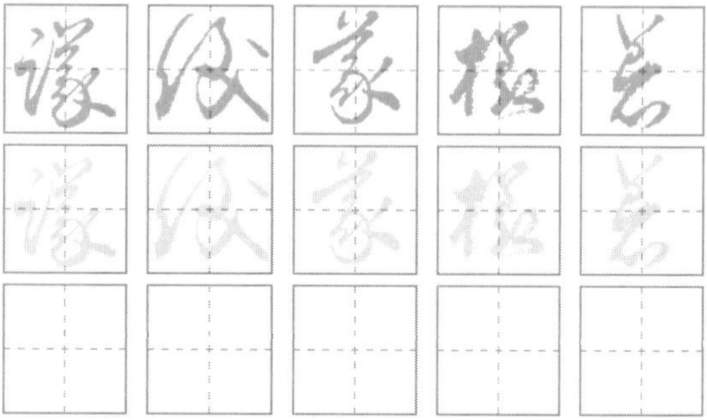

【似たくずしを押さえる】「キ」のくずし

得点　点

(1)

（　　）

(2)

（　　）

(3)

（　　）

(4)

（　　）

(5)

（　　）

(6)

（　　）

(7)

（　　）

(8)

（　　）

(9)

（　　）

(10)

（　　）

解答と練習

「扌」のくずし

（　）内は旧字および俗字

(1) 半

(2) 奉

(3) 岸

(4) 幸

(5) 沢（澤）

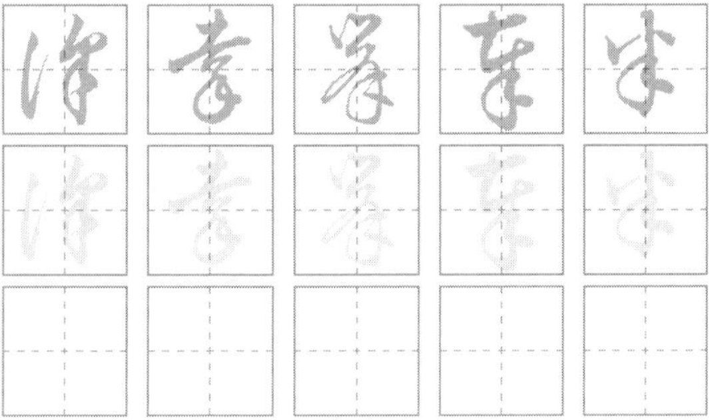

(6) 拝

(7) 殊《ことに》

(8) 余（餘）

(9) 解（觧）

(10) 降

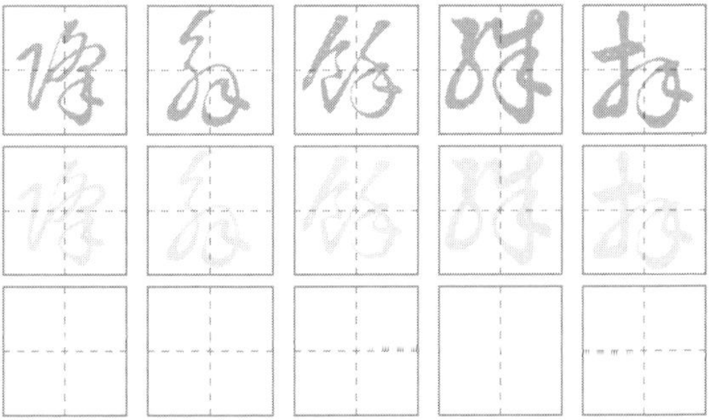

【似たくずしを押さえる】下部が「Z」のくずし

得点
点

(1)

(2)

(3)

(4)

(5)

(6)

(7)

(8)

(9)

(10)

解答と練習

下部が「z」のくずし

（ ）内は旧字

(1) 愛

(2) 登

(3) 証（證）

(4) 豊

(5) 具

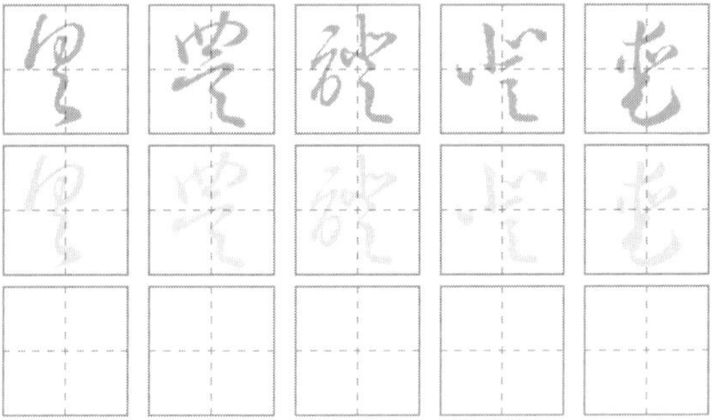

(6) 壱

(7) 走

(8) 貴

(9) 兵

(10) 差

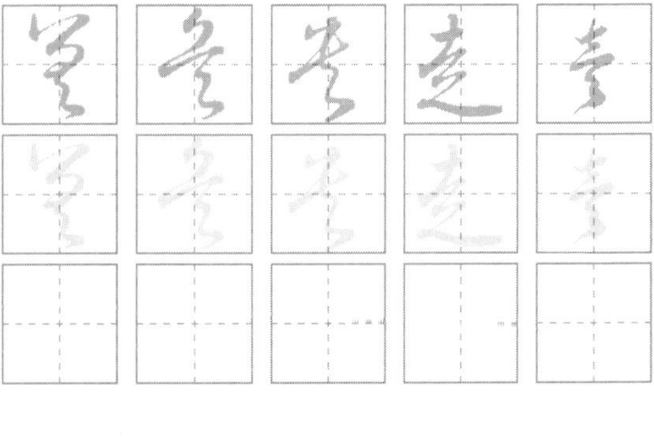

【似たくずしを押さえる】「ツ」に見えるくずし

得点　　点

(1)

（　　）

(2)

（　　）

(3)

（　　）

(4)

（　　）

(5)

（　　）

(6)

（　　）

(7)

（　　）

(8)

（　　）

(9)

（　　）

(10)

（　　）

解答と練習

「ツ」に見えるくずし

（　）内は旧字

(1) 衆

(2) 弧

(3) 応（應）

(4) 検（檢）

(5) 験《しるし》（驗）

(6) 所

(7) 虚

(8) 跡《あと》

(9) 郷

(10) 訓

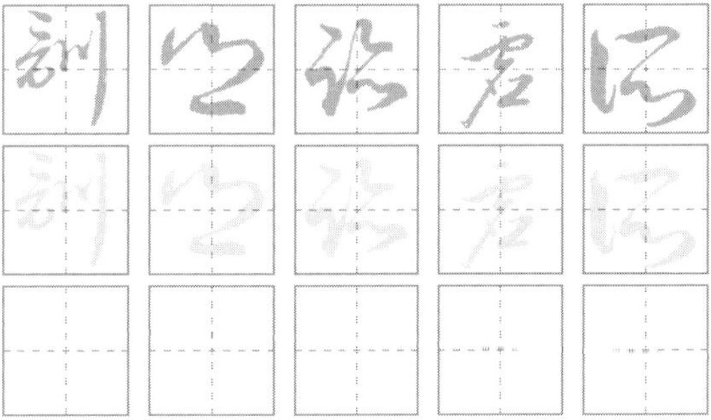

【似たくずしを押さえる】「尤」と似ているくずし

得点　　点

(1)

（　　）

(2)

（　　）

(3)

（　　）

(4)

（　　）

(5)

（　　）

(6)

（　　）

(7)

（　　）

(8)

（　　）

(9)

（　　）

(10)

（　　）

解答と練習

「尤」と似ているくずし

（　）内は旧字

(1) 尤《もっとも》

(2) 就

(3) 然

(4) 蔵

(5) 籠

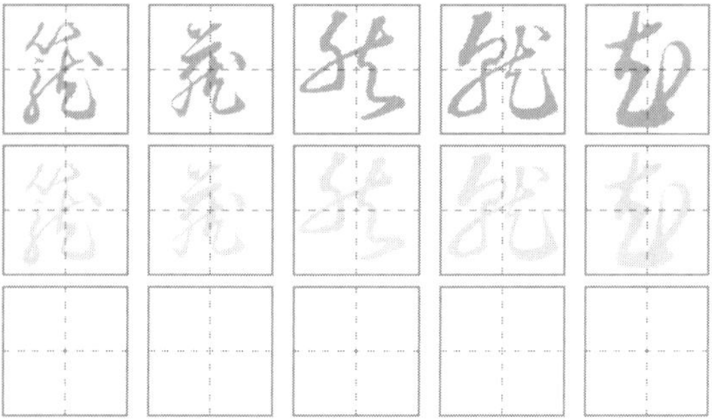

(6) 龍

(7) 亥

(8) 骸

(9) 状

(10) 献（獻）

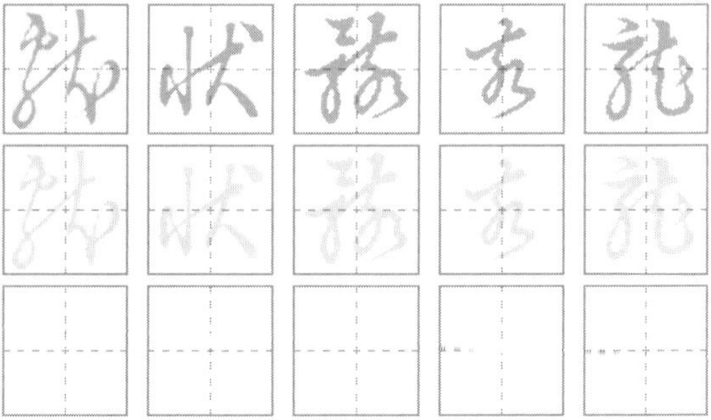

【似たくずしを押さえる】「北」と似ているくずし

得点　　点

(1)

（　　）

(2)

（　　）

(3)

（　　）

(4)

（　　）

(5)

（　　）

(6)

（　　）

(7)

（　　）

(8)

（　　）

(9)

（　　）

(10)

（　　）

解答と練習

「北」と似ているくずし

（ ）内は旧字

(1) 北

(2) 背

(3) 輩

(4) 品

(5) 証（證）

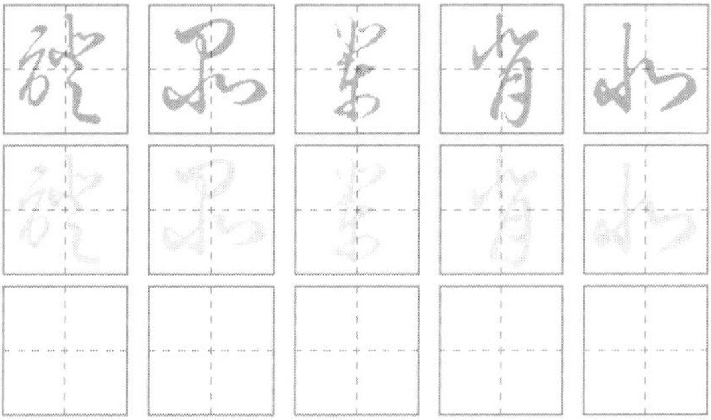

(6) 置

(7) 直

(8) 所

(9) 普《あまねく》

(10) 忝《かたじけない》

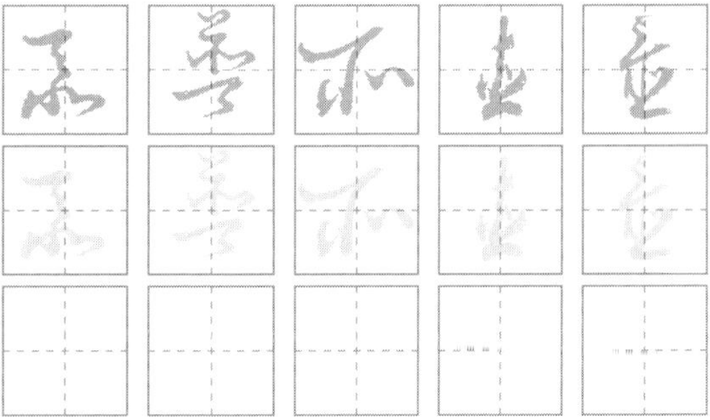

【へんやつくりから解く】りっとう・のぶん

得点　　点

(1)

（　　）

(2)

（　　）

(3)

（　　）

(4)

（　　）

(5)

（　　）

(6)

（　　）

(7)

（　　）

(8)

（　　）

(9)

（　　）

(10)

（　　）

解答と練習

りっとう・のぶん

(1) 前

(2) 則

(3) 列

(4) 別

(5) 到

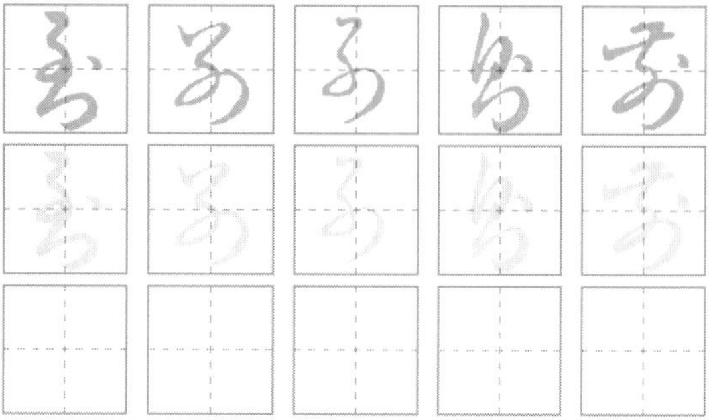

(6) 敗

(7) 救

(8) 敷

(9) 教

(10) 故

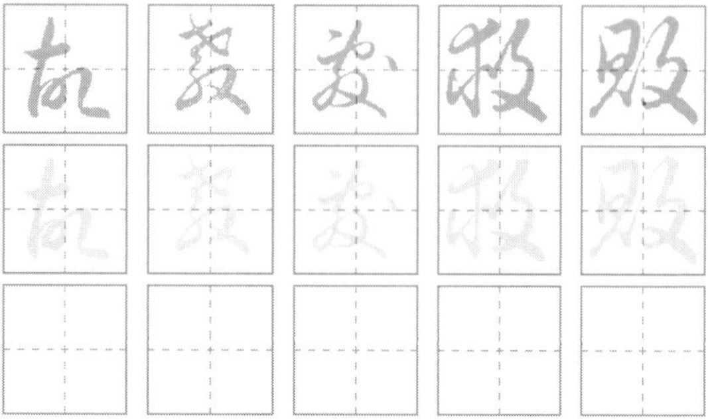

【へんやつくりから解く】寸づくり

(1)

（　　）

(2)

（　　）

(3)

（　　）

(4)

（　　）

(5)

（　　）

(6)

（　　）

(7)

（　　）

(8)

（　　）

(9)

（　　）

(10)

（　　）

得点
点

解答と練習

寸づくり

（　）内は旧字

(1) 寺

(2) 待

(3) 守

(4) 専

(5) 尊

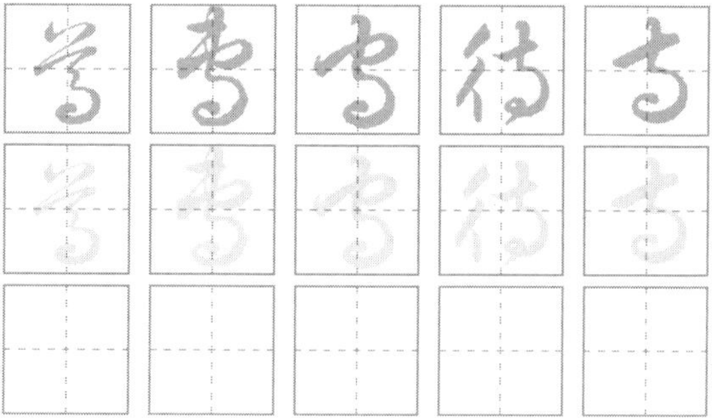

(6) 将

(7) 尋

(8) 対（對）

(9) 封

(10) 謝

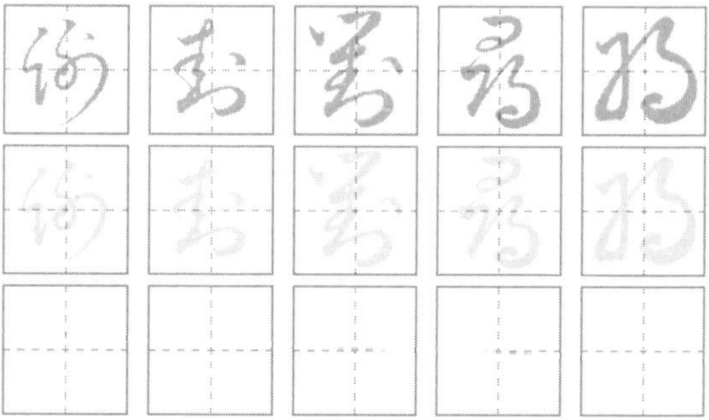

【へんやつくりから解く】しんにょう

(1)

(2)

(3)

(4)

(5)

(6)

(7)

(8)

(9)

(10)

得点

点

解答と練習

しんにょう

(1) 過

(2) 遂

(3) 達

(4) 遣

(5) 遺

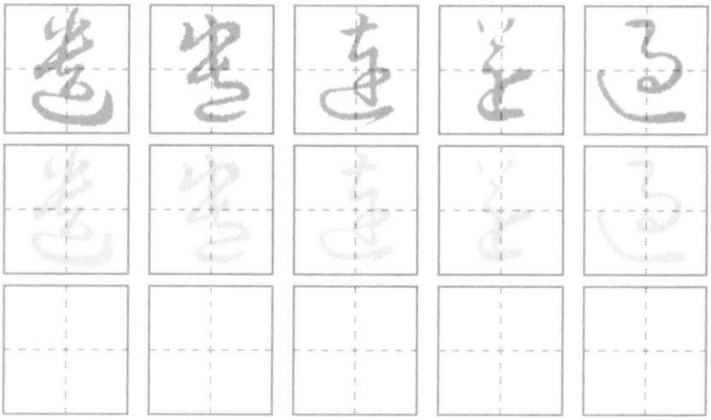

(6) 進

(7) 退

(8) 近

(9) 返

(10) 避

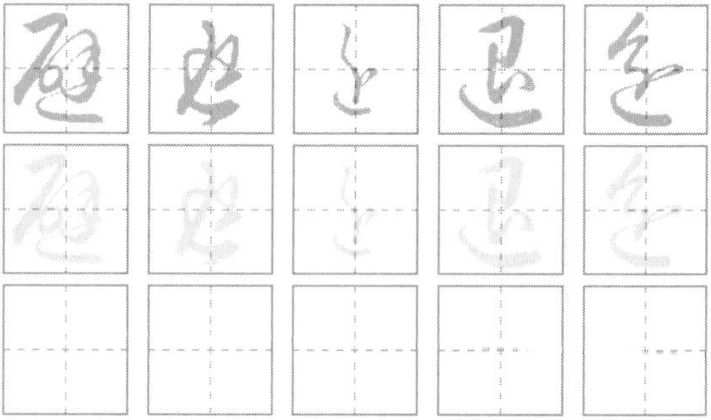

【へんやつくりから解く】「ほこ」のくずし

(1)

(2)

(3)

(4)

(5)

(6)

(7)

(8)

(9)

(10)

得点

点

解答と練習

「ほこ」のくずし

(1) 成

(2) 来

(3) 城

(4) 或

(5) 幾

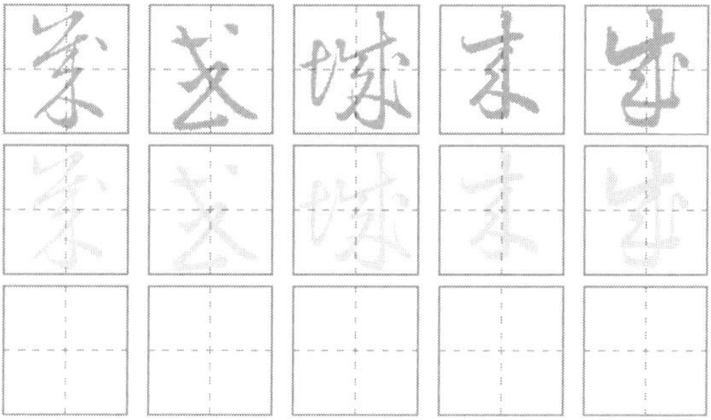

(6) 歳

(7) 我

(8) 家

(9) 武

(10) 機

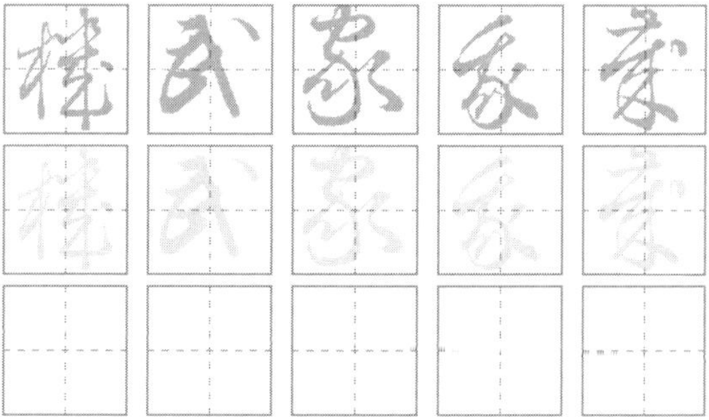

【へんやつくりから解く】門構えと国構え

得点
点

(1)
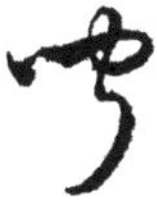
（　　）

(2)
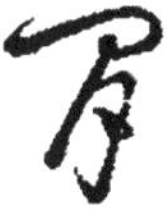
（　　）

(3)
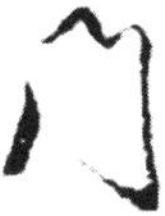
（　　）

(4)
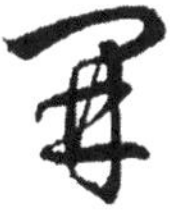
（　　）

(5)
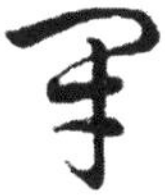
（　　）

(6)
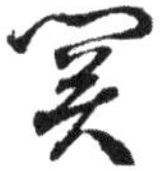
（　　）

(7)
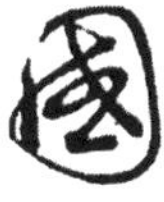
（　　）

(8)
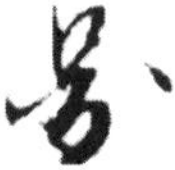
（　　）

(9)
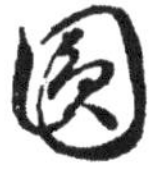
（　　）

(10)
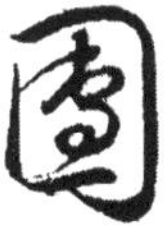
（　　）

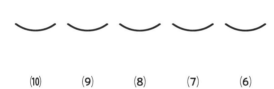

解答と練習

門構えと国構え

（　）内は旧字

(1) 聞

(2) 間

(3) 門

(4) 開

(5) 閉

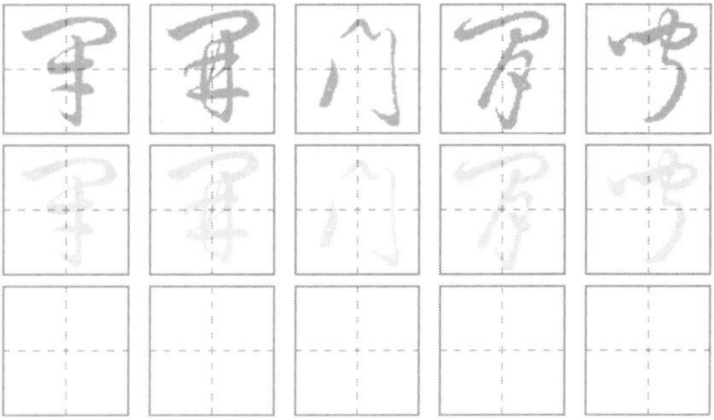

(6) 関

(7) 国（國）

(8) 図（圖）

(9) 円（圓）

(10) 団（團）

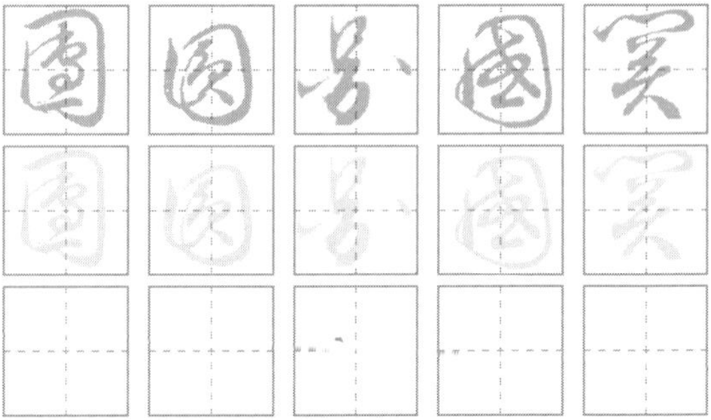

【へんやつくりから解く】おおがい（頁）の漢字

得点
点

(1)

（　　）

(2)

（　　）

(3)

（　　）

(4)

（　　）

(5)

（　　）

(6)

（　　）

(7)

（　　）

(8)

（　　）

(9)

（　　）

(10)

（　　）

解答と練習

おおがい（頁）の漢字

(1) 願

(2) 預

(3) 頼

(4) 題

(5) 順

(6) 類

(7) 顔

(8) 頭

(9) 頃

(10) 領

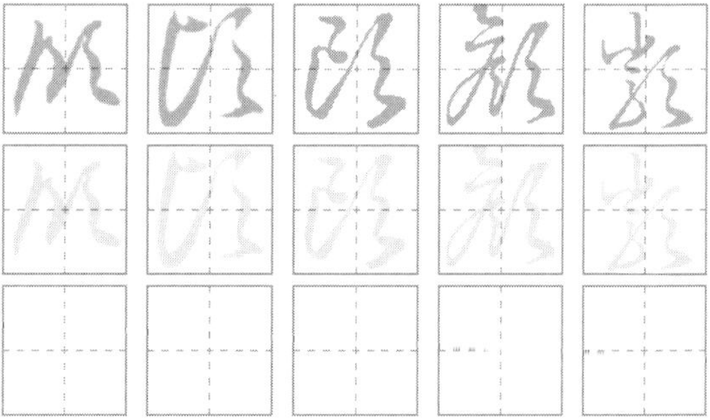

【へんやつくりから解く】おおがいに似たくずしと阝・月のくずしは違う

得点　　点

(1) （　　）

(2) （　　）

(3) （　　）

(4) （　　）

(5) （　　）

(6) （　　）

(7) （　　）

(8) （　　）

(9) （　　）

(10) （　　）

解答と練習

おおがいに似たくずしと阝・月のくずしは違う

(1) 次

(2) 歓

(3) 形

(4) 影

(5) 彩

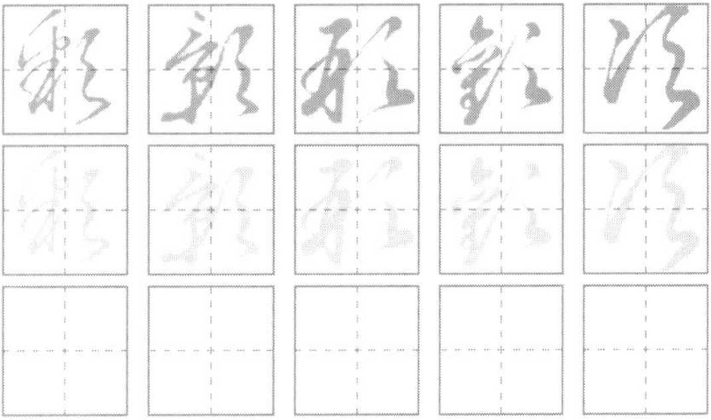

(6) 郡

(7) 部

(8) 朗

(9) 期

(10) 朔《ついたち》

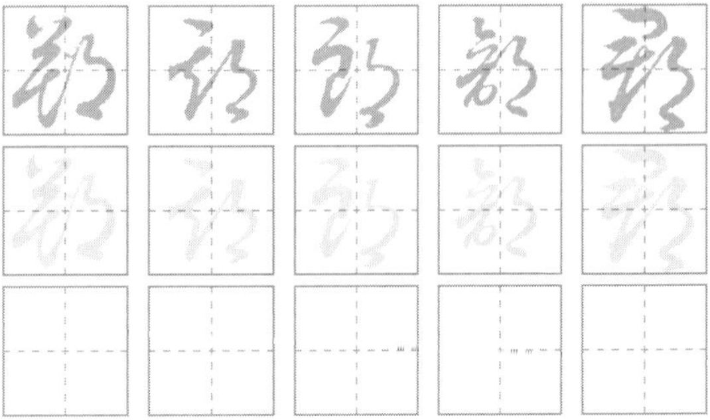

【へんやつくりから解く】おのづくり（斤）に似たくずし・ふるとり（隹）

得点　　点

(1)

（　）

(2)

（　）

(3)

（　）

(4)

（　）

(5)

（　）

(6)

（　）

(7)

（　）

(8)

（　）

(9)

（　）

(10)

（　）

解答と練習

おのづくり（斤）に似たくずし・ふるとり（隹）

(1) 行

(2) 肝

(3) 新

(4) 祈

(5) 巧

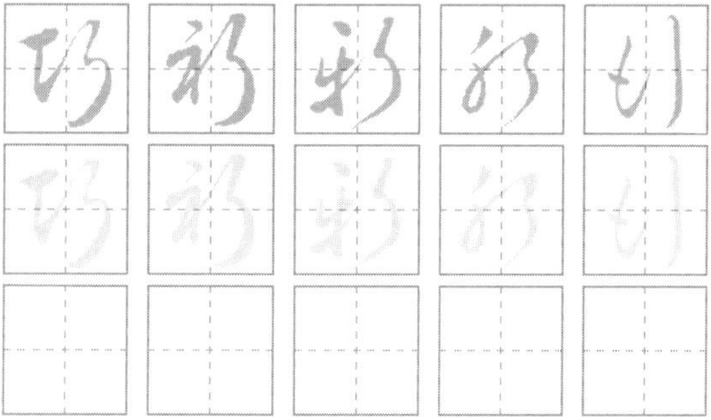

(6) 権

(7) 灌

(8) 唯

(9) 難

(10) 雖《いえども》

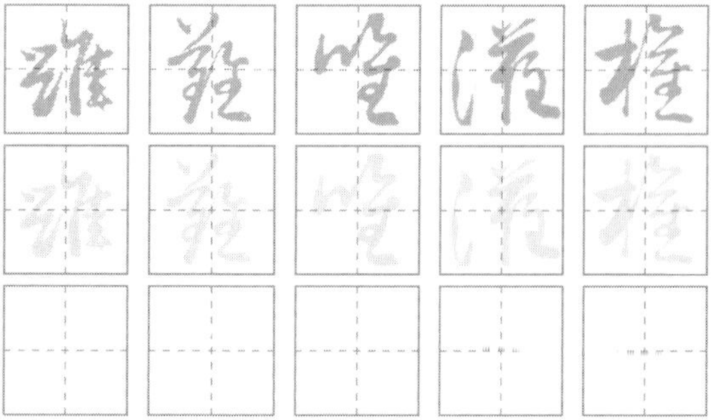

【へんやつくりから解く】さんずい

(1)

（　　）

(2)

（　　）

(3)

（　　）

(4)

（　　）

(5)

（　　）

(6)

（　　）

(7)

（　　）

(8)

（　　）

(9)

（　　）

(10)

（　　）

得点
点

解答と練習

さんずい

(1) 江

(2) 河

(3) 決

(4) 法

(5) 激

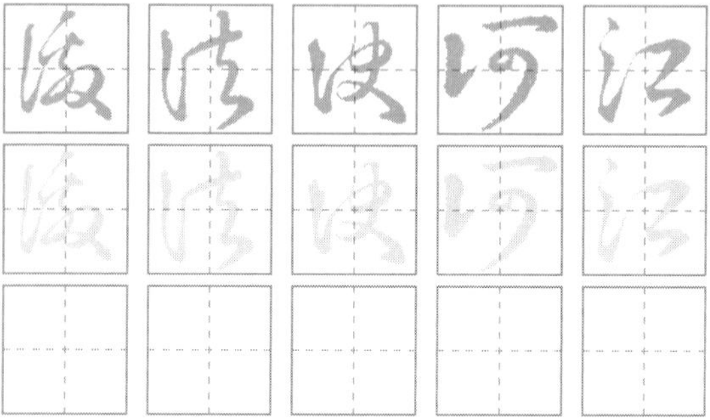

(6) 没

(7) 泥

(8) 消

(9) 済

(10) 涙

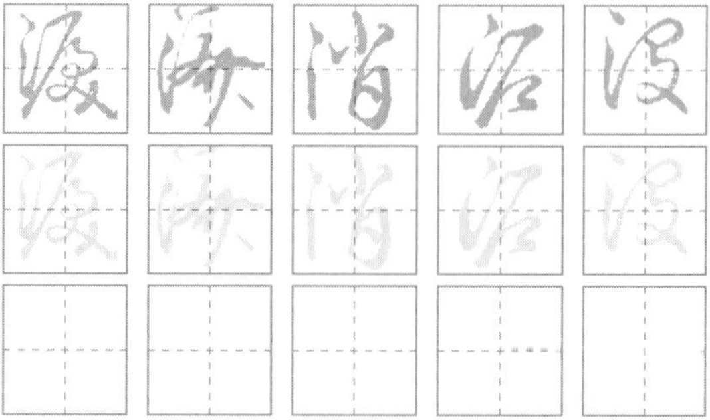

【へんやつくりから解く】ごんべん

(1)

(2)

(3)

(4)

(5)

(6)

(7)

(8)

(9)

(10)

得点

点

解答と練習

ごんべん

(1) 談

(2) 諫《いさめる》

(3) 謹《つつしんで》

(4) 訴

(5) 許

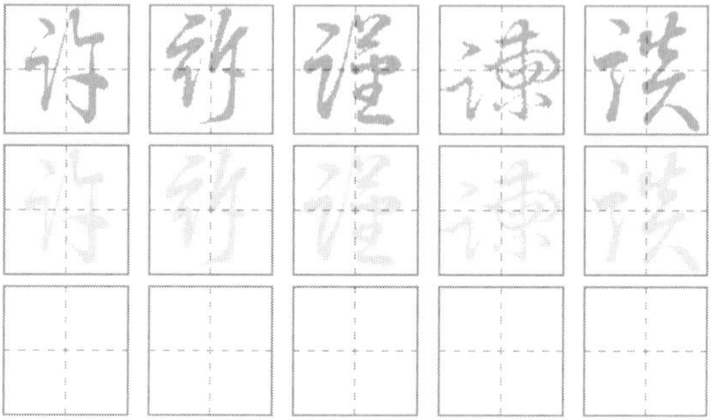

(6) 調

(7) 詞

(8) 説

(9) 評

(10) 路

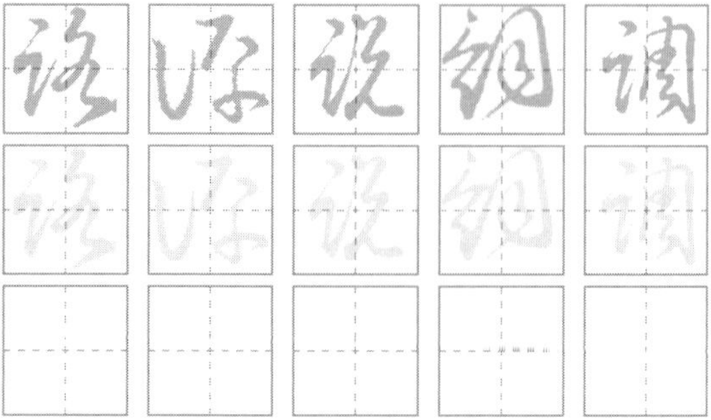

【へんやつくりから解く】かんむり

(1)

（　　）

(2)

（　　）

(3)

（　　）

(4)

（　　）

(5)

（　　）

(6)

（　　）

(7)

（　　）

(8)

（　　）

(9)

（　　）

(10)

（　　）

得点
点

解答と練習

かんむり

（　）内は正字および旧字

(1) 窓（窻）

(2) 実

(3) 審

(4) 寒

(5) 壺

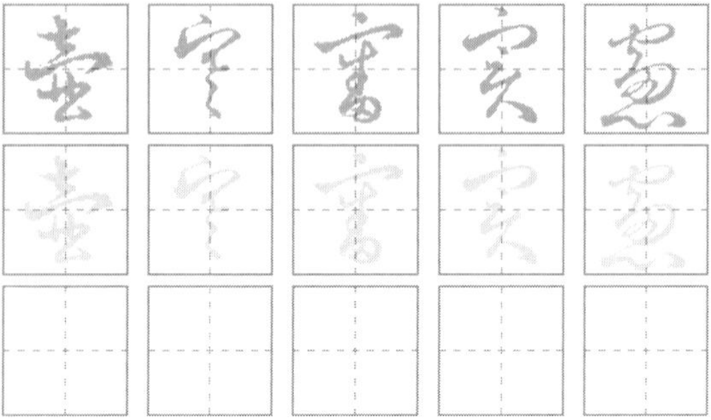

(6) 雷

(7) 発（發）

(8) 罷《まかる》

(9) 常

(10) 亭

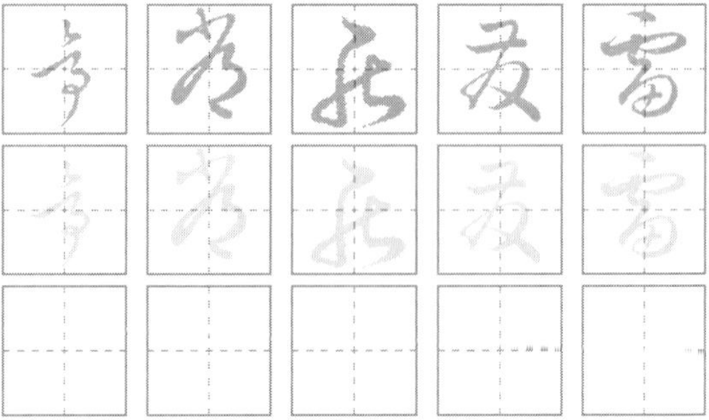

【へんやつくりから解く】いろいろな偏

得点
点

(1)

(2)

(3)

(4)

(5)

(6)

(7)

(8)

(9)

(10)

解答と練習

いろいろな偏

（　）内は旧字

(1) 触（觸）

(2) 経

(3) 抔《など》

(4) 橋

(5) 猥《みだり》

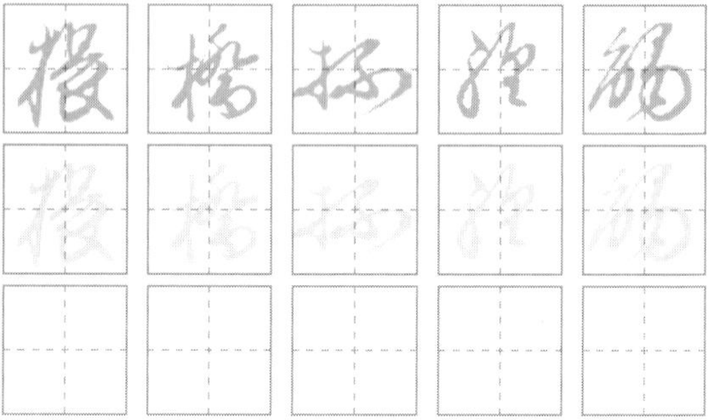

(6) 随

(7) 神

(8) 銀

(9) 飯

(10) 帳

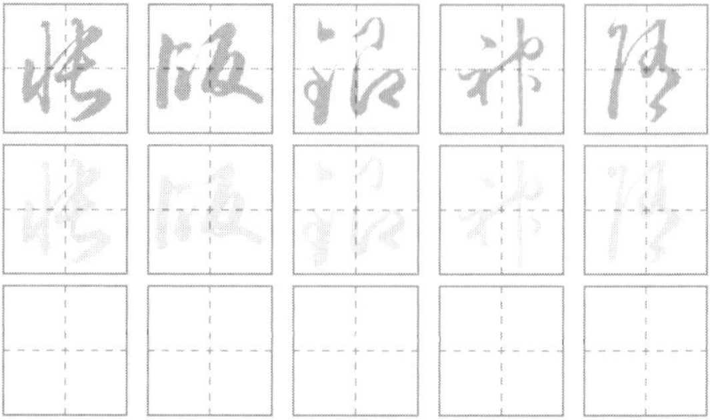

【へんやつくりから解く】頭部が複雑な漢字

得点　点

(1)

（　　）

(2)

（　　）

(3)

（　　）

(4)

（　　）

(5)

（　　）

(6)

（　　）

(7)

（　　）

(8)

（　　）

(9)

（　　）

(10)

（　　）

解答と練習

頭部が複雑な漢字

（　）内は旧字

(1) 無

(2) 乗

(3) 葉

(4) 墓

(5) 幕

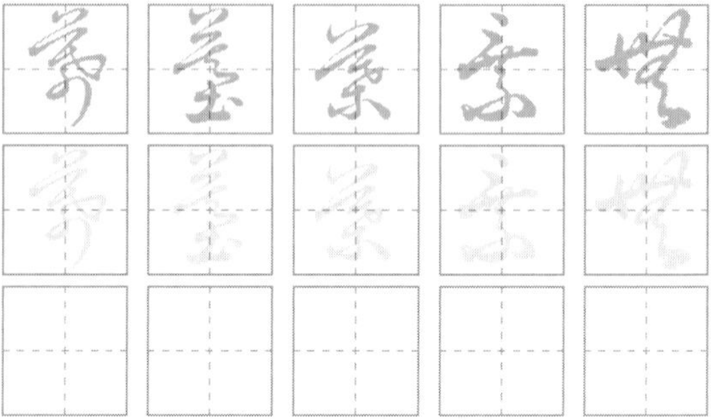

(6) 農

(7) 豊

(8) 尽《つくす》（盡）

(9) 慶

(10) 妻

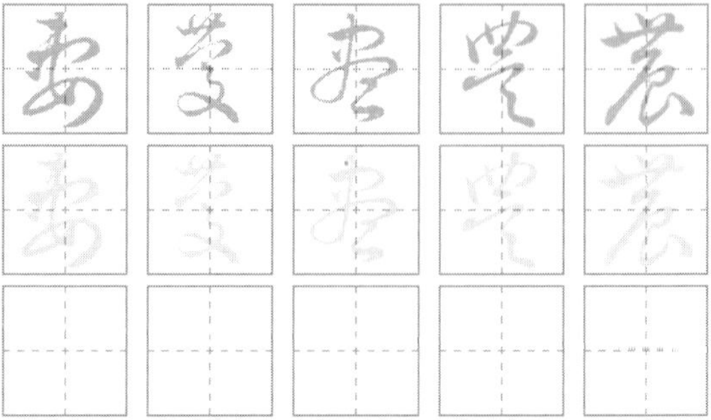

【へんやつくりから解く】左側が複雑な漢字

得点　　点

(1)

(2)

(3)

(4)

(5)

(6)

(7)

(8)

(9)

(10)

左側が複雑な漢字

(1) 顕

(2) 離

(3) 鶴

(4) 融

(5) 骸

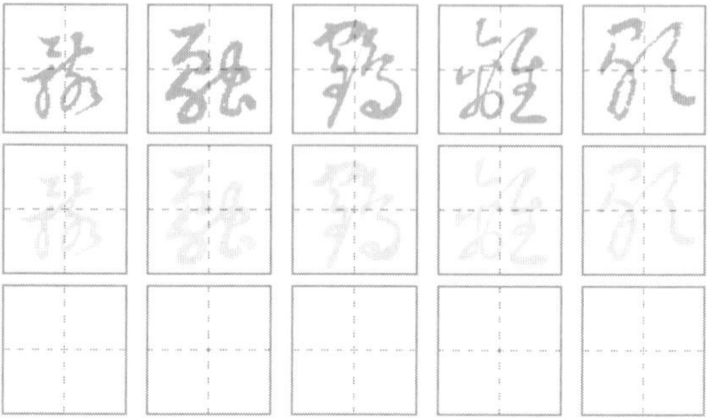

(6) 勤

(7) 勧

(8) 歎《なげく》

(9) 難

(10) 敵

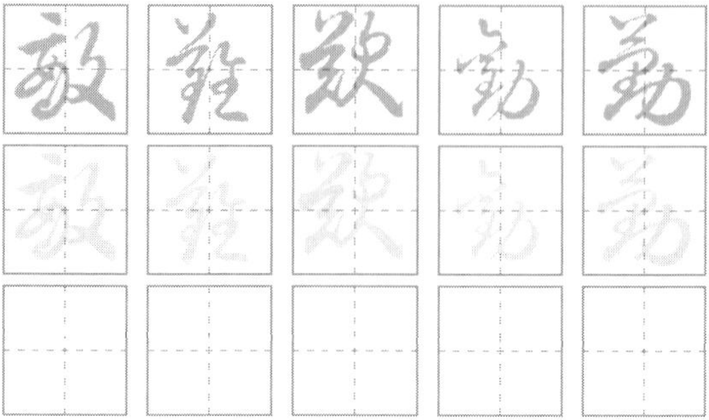

【類語のくずしをつかむ】いろいろな色

得点
点

(1)

（　　　）

(2)

（　　　）

(3)

（　　　）

(4)

（　　　）

(5)

（　　　）

(6)

（　　　）

(7)

（　　　）

(8)

（　　　）

(9)

（　　　）

(10)

（　　　）

解答と練習

いろいろな色

(1) 色

(2) 赤

(3) 黄

(4) 青

(5) 白

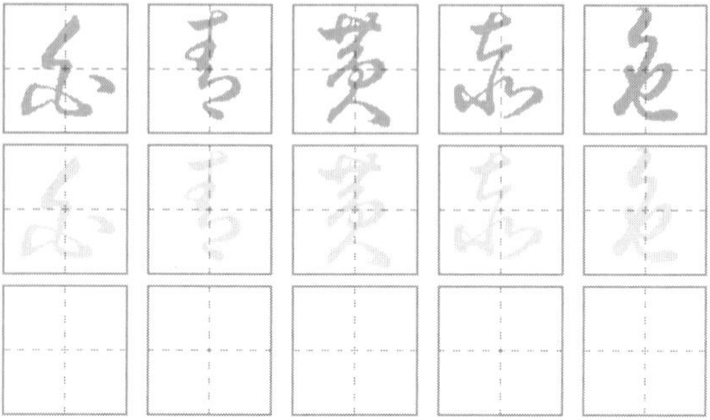

(6) 黒

(7) 緑

(8) 茶

(9) 紫

(10) 紅

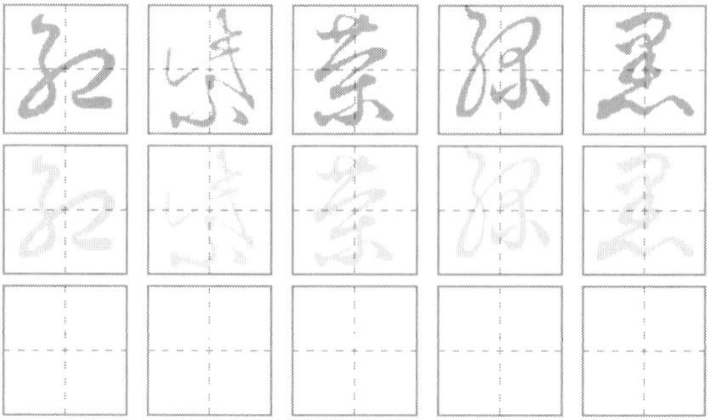

【類語のくずしをつかむ】文末に見られる漢字

得点　　点

(1)

（　　）

(2)

（　　）

(3)

（　　）

(4)

（　　）

(5)

（　　）

(6)

（　　）

(7)

（　　）

(8)

（　　）

(9)

（　　）

(10)

（　　）

解答と練習

文末に見られる漢字

（ ）内は俗字

(1) 也

(2) 哉

(3) 歟（欤）

(4) 了《おわんぬ》

(5) 畢《おわんぬ》

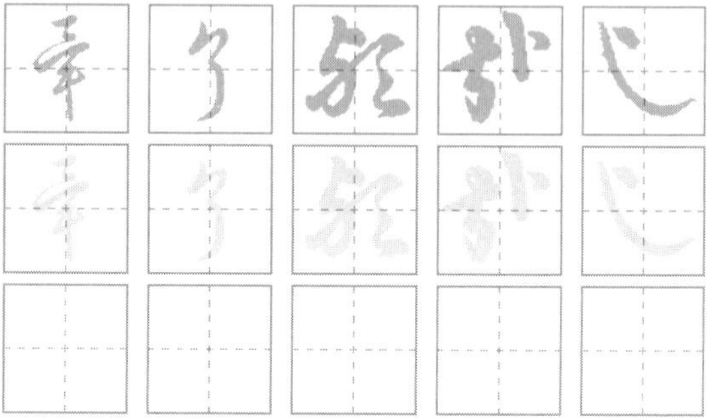

(6) 候

(7) 訖《おわる》

(8) 給

(9) 事

(10) 件《くだん》

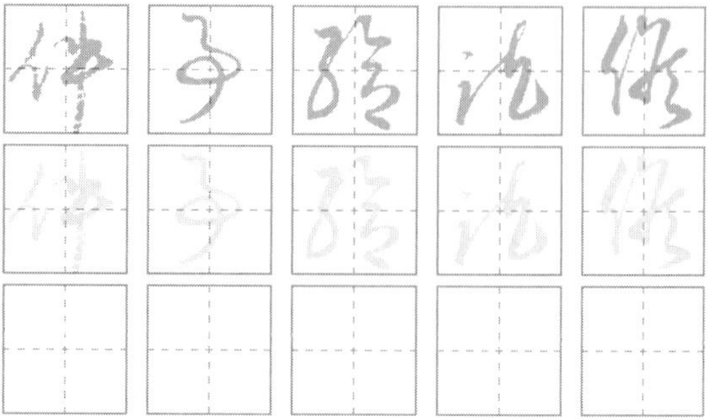

【類語のくずしをつかむ】セットで覚える① 左右　四季など

得点　　点

(1)

(2)

(3)

(4)

(5)

(6)

(7)

(8)

(9)

(10)

解答と練習

セットで覚える①　左右　四季など

(1) 左

(2) 右

(3) 上

(4) 下

(5) 縦

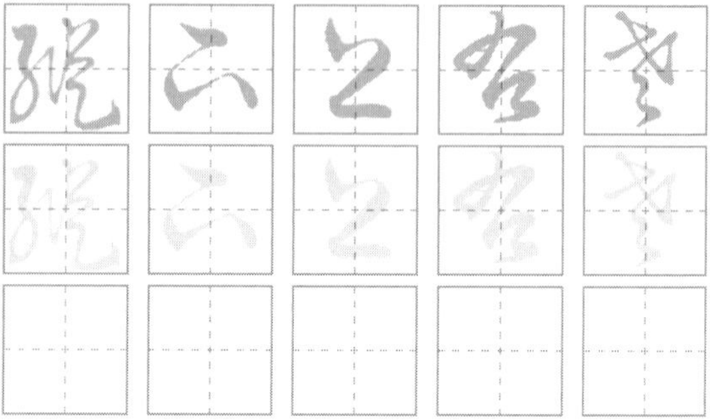

(6) 横

(7) 春

(8) 夏

(9) 秋

(10) 冬

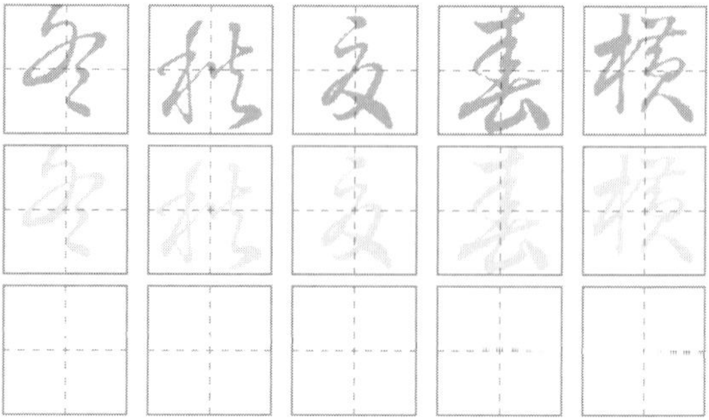

【類語のくずしをつかむ】セットで覚える②

得点　　点

(1)

(2)

(3)

(4)

(5)

(6)

(7)

(8)

(9)

(10)

(1) 殿
(2) 尉
(3) 房
(4) 居
(5) 意

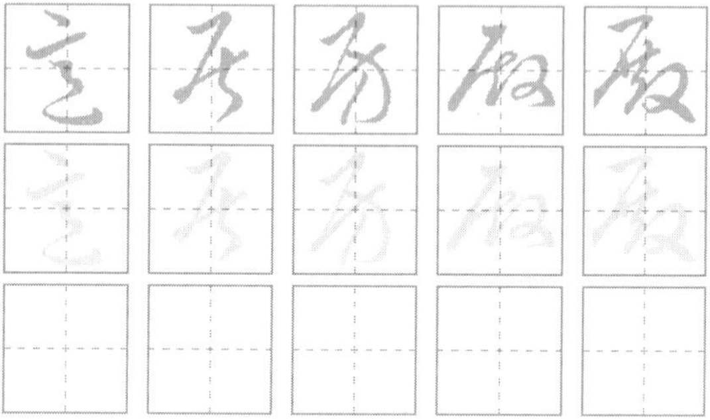

(6) 念
(7) 今
(8) 令
(9) 報
(10) 服

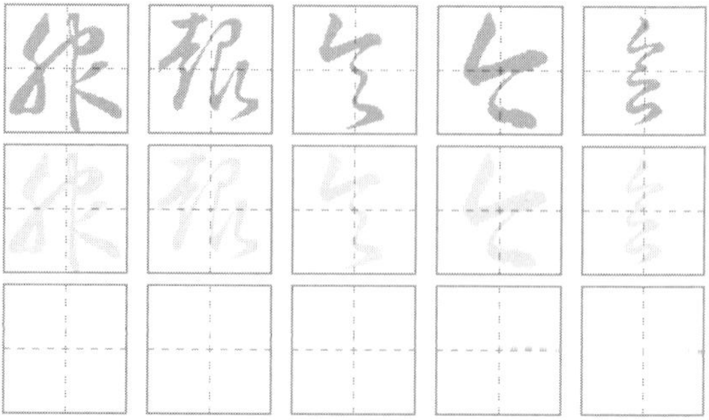

【類語のくずしをつかむ】セットで覚える③

(1)

(　　)

(2)

(　　)

(3)

(　　)

(4)

(　　)

(5)

(　　)

(6)

(　　)

(7)

(　　)

(8)

(　　)

(9)

(　　)

(10)

(　　)

得点

点

解答と練習

セットで覚える③

（　）内は旧字

(1) 朝

(2) 昼

(3) 夜

(4) 広（廣）

(5) 狭

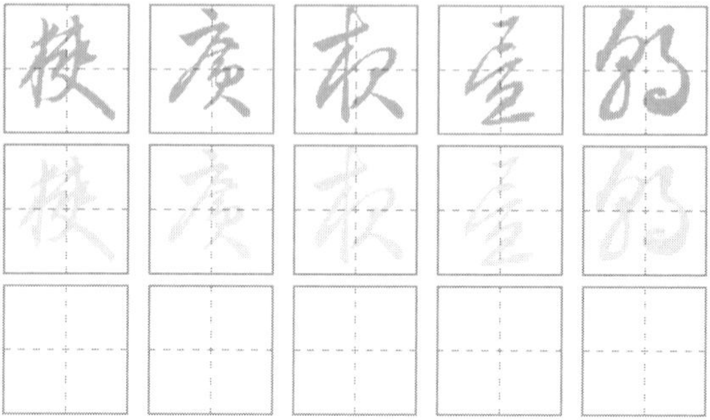

(6) 池

(7) 地

(8) 壱

(9) 弐

(10) 参

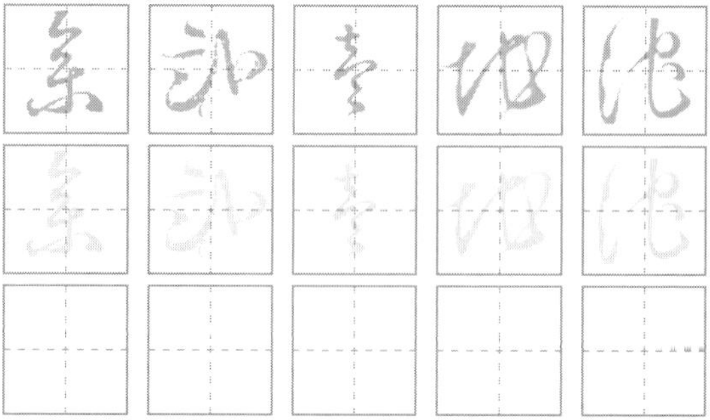

【比べて覚える】

比べてみよう①

(1)

(2)

(3)

(4)

(5)

(6)

(7)

(8)

(9)

(10)

得点

点

比べてみよう①

(1) 申

(2) 中

(3) 分

(4) 知

(5) 自

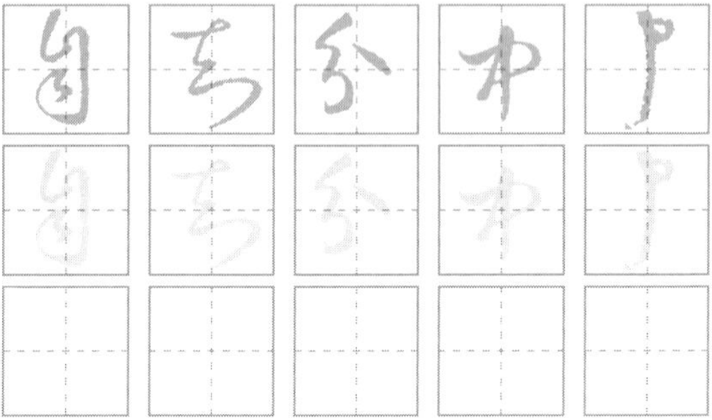

(6) 用

(7) 乍

(8) 作

(9) 非

(10) 飛

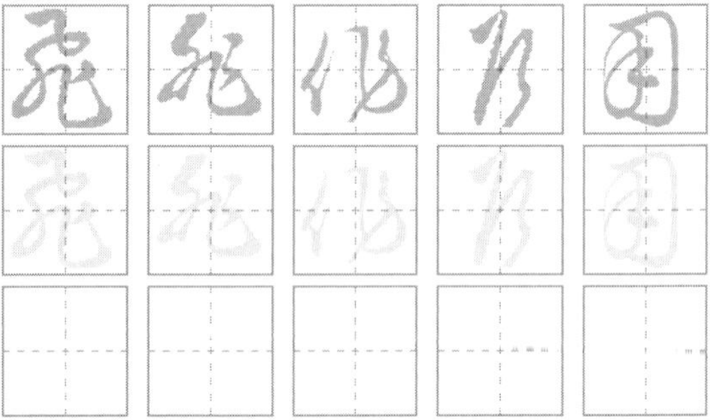

【比べて覚える】

比べてみよう②

(1)

(2)

(3)

(4)

(5)

(6)

(7)

(8)

(9)

(10)

得点
点

比べてみよう②

(1) 物

(2) 惣

(3) 悪

(4) 其

(5) 甚《はなはだ》

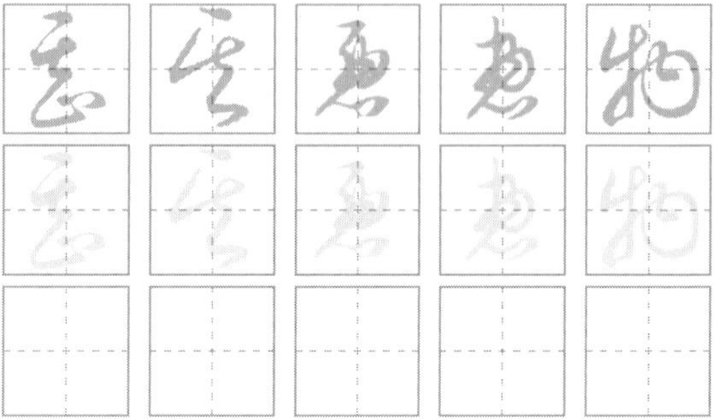

(6) 論

(7) 輪

(8) 偏《ひとえに》

(9) 陰

(10) 陽

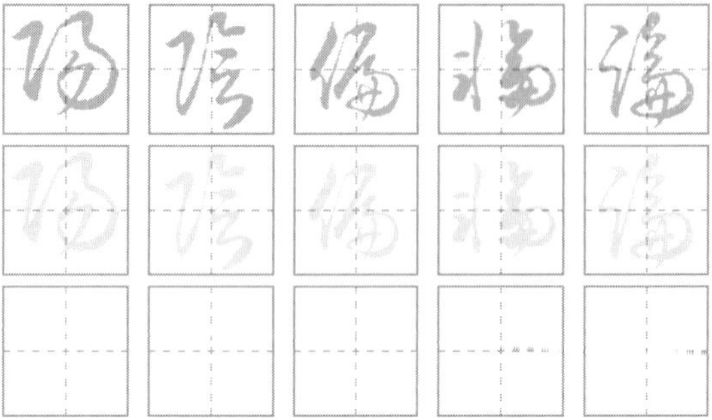

【比べて覚える】

比べてみよう③

得点
点

(1)

(2)

(3)

(4)

(5)

(6)

(7)

(8)

(9)

(10)

解答と練習

比べてみよう③

(1) 参

(2) 承《うけたまわる》

(3) 水

(4) 若

(5) 負

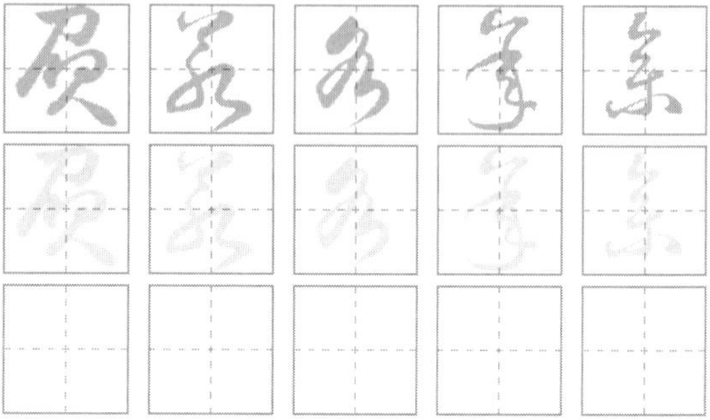

(6) 員

(7) 共

(8) 幷《ならびに》

(9) 年

(10) 手

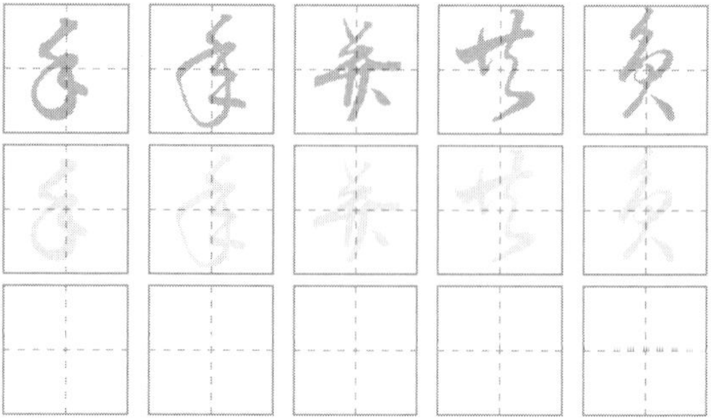

【比べて覚える】

比べてみよう④

(1)

（　　）

(2)

（　　）

(3)

（　　）

(4)

（　　）

(5)

（　　）

(6)

（　　）

(7)

（　　）

(8)

（　　）

(9)

（　　）

(10)

（　　）

得点
点

比べてみよう④

(1) 屋

(2) 極

(3) 彼

(4) 後

(5) 度

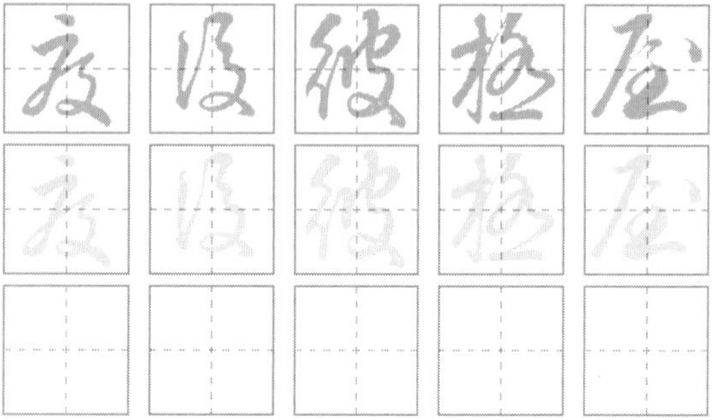

(6) 渡

(7) 労

(8) 身

(9) 第

(10) 弟

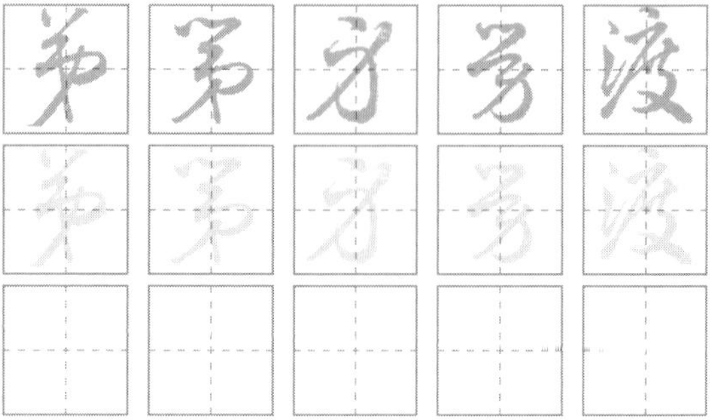

【比べて覚える】比べてみよう⑤

得点
点

(1)

(2)

(3)

(4)

(5)

(6)

(7)

(8)

(9)

(10)

解答と練習

比べてみよう⑤

(1) 谷

(2) 浴

(3) 沿

(4) 結

(5) 始

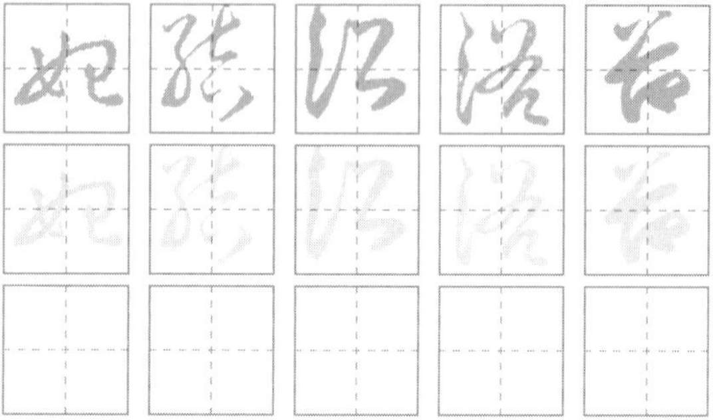

(6) 容

(7) 客

(8) 宮

(9) 営

(10) 官

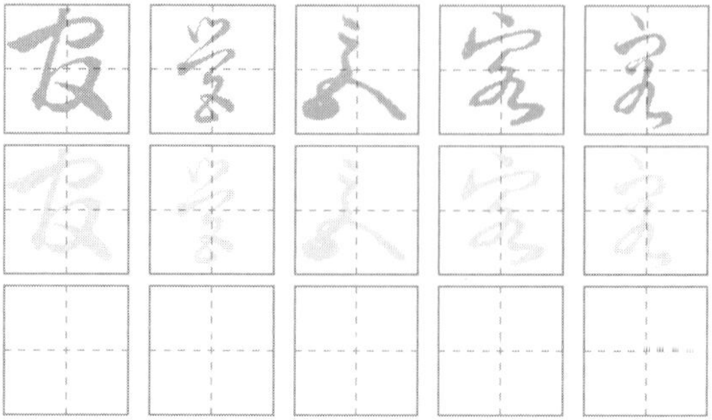

【比べて覚える】

比べてみよう⑥

(1)

(2)

(3)

(4)

(5)

(6)

(7)

(8)

(9)

(10)

得点

点

解答と練習

比べてみよう⑥

（　）内は旧字および俗字

(1) 画（畫）

(2) 昼（晝）

(3) 受

(4) 更

(5) 望

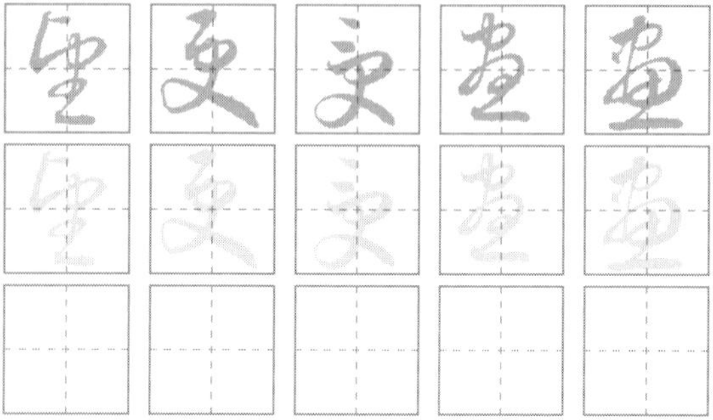

(6) 野（壄）

(7) 旗

(8) 模

(9) 深

(10) 源

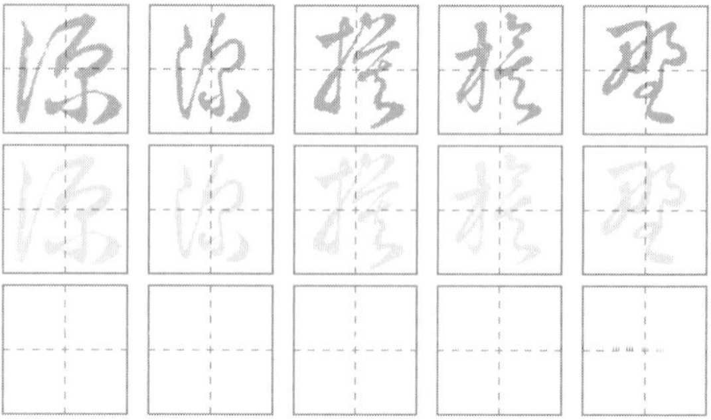

【比べて覚える】

比べてみよう⑦

得点　　点

⑴

⑵

⑶

⑷

⑸

⑹

⑺

⑻

⑼

⑽

解答と練習

比べてみよう⑦

(1) 有

(2) 常

(3) 道

(4) 言

(5) 云

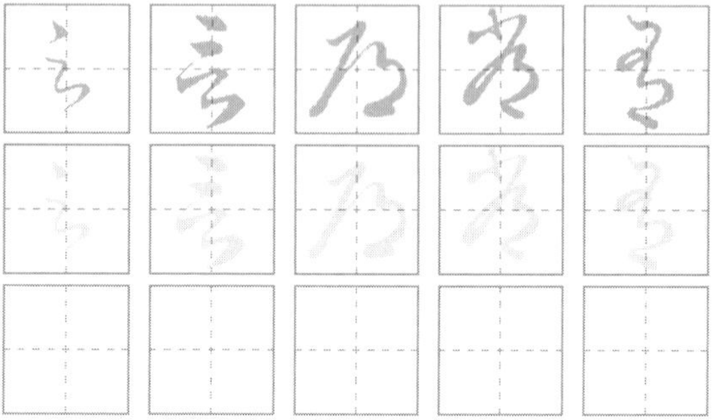

(6) 高

(7) 馬

(8) 鳥

(9) 歩

(10) 使

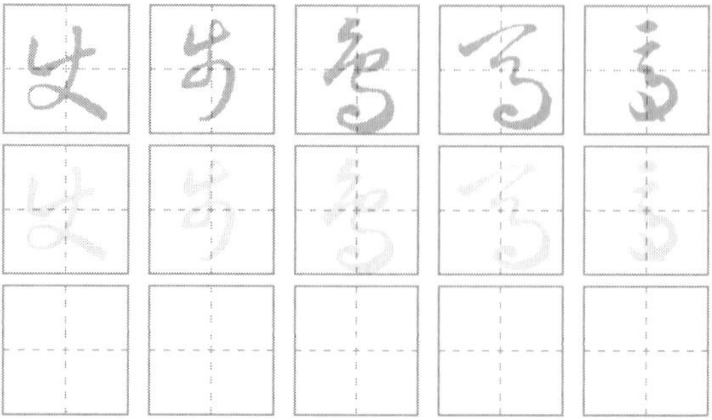

【比べて覚える】

比べてみよう⑧

(1)

(2)

(3)

(4)

(5)

(6)

(7)

(8)

(9)

(10)

得点
点

解答と練習

比べてみよう⑧

(1) 互

(2) 楽

(3) 薬

(4) 花

(5) 老

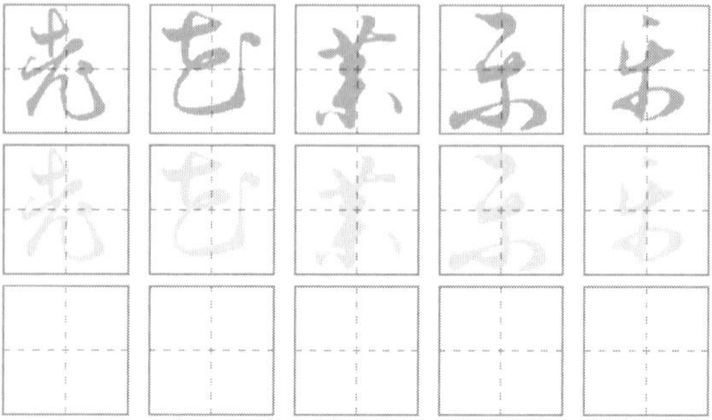

(6) 断

(7) 節

(8) 即

(9) 出

(10) 土

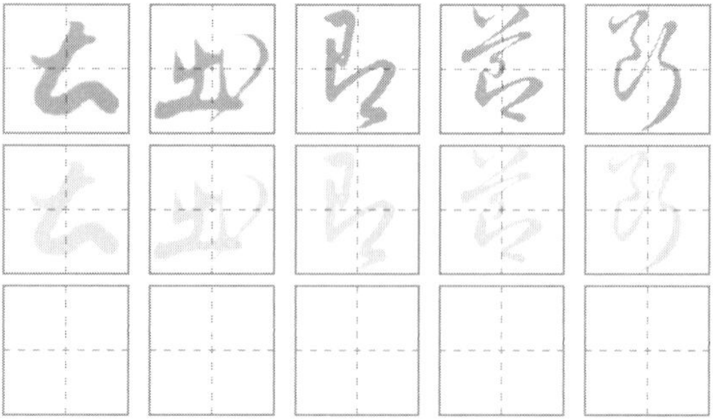

【特殊なくずしに慣れる】特殊なくずし①

(1)

(2)

(3)

(4)

(5)

(6)

(7)

(8)

(9)

(10)

得点
点

解答と練習

特殊なくずし①

（　）内は旧字

(1) 曲

(2) 隆

(3) 敬

(4) 弁《わきまえる》（辨）

(5) 藤

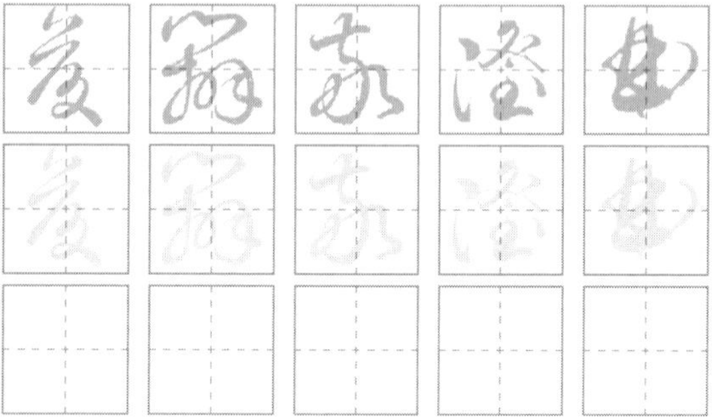

(6) 施《ほどこす》

(7) 猶《なお》

(8) 音

(9) 勝

(10) 衛

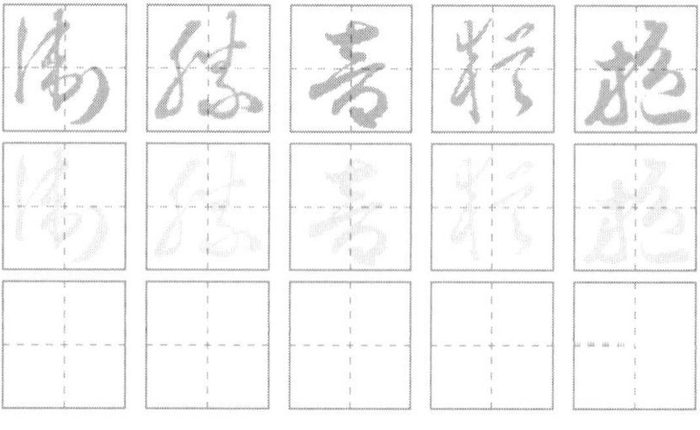

【特殊なくずしに慣れる】

特殊なくずし②

得点
点

⑴

（　　）

⑵

（　　）

⑶

（　　）

⑷

（　　）

⑸

（　　）

⑹

（　　）

⑺

（　　）

⑻

（　　）

⑼

（　　）

⑽

（　　）

解答と練習

特殊なくずし②

交と卆のくずしは重要！

(1) 交

(2) 卆

(3) 哀

(4) 浅

(5) 短

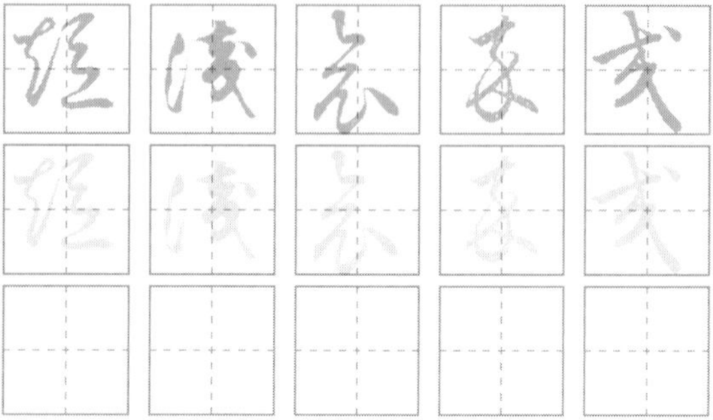

(6) 低

(7) 趣《おもむき》

(8) 換

(9) 拒

(10) 率《ひきいる》

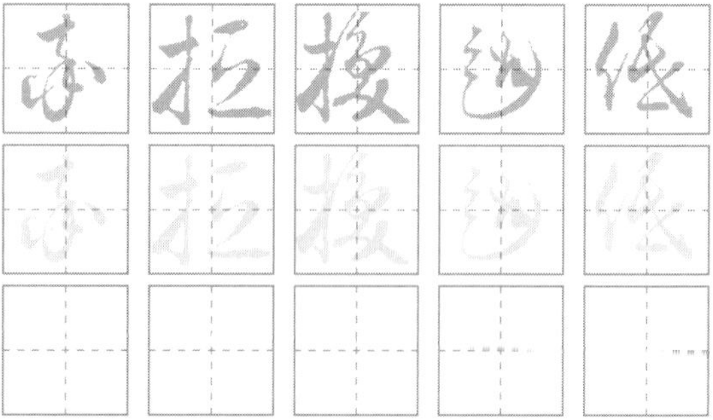

【特殊なくずしに慣れる】 特殊なくずし③

⑴

⑵

⑶

⑷
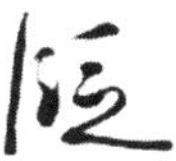

⑸

⑹

⑺

⑻

⑼

⑽

得点

点

解答と練習

特殊なくずし③

(1) 器

(2) 夢

(3) 孫

(4) 段

(5) 識

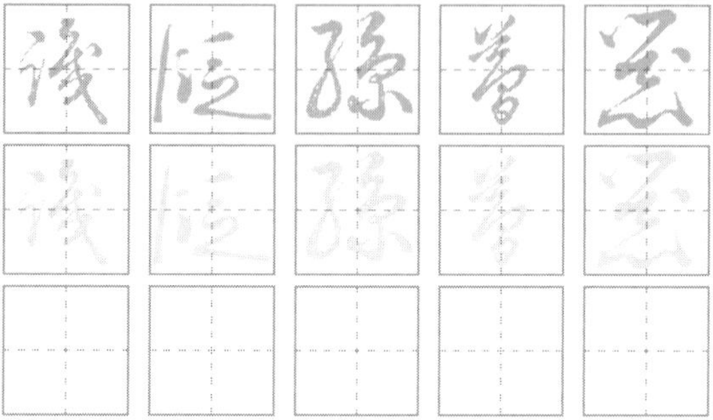

(6) 紙

(7) 睡

(8) 愚

(9) 恩

(10) 懸

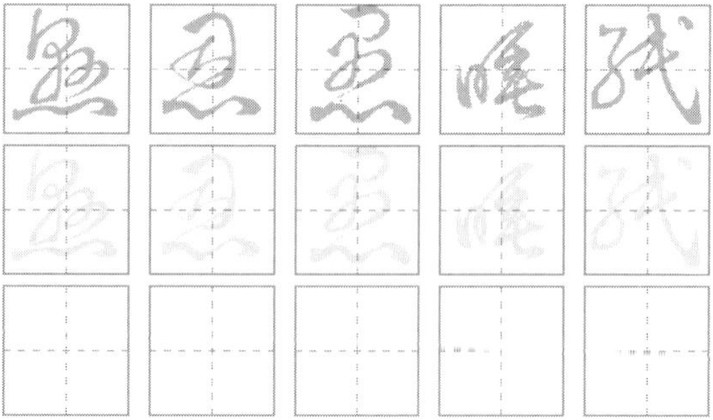

【特殊なくずしに慣れる】

特殊なくずし④異体字

(1)

（　　）

(2)

（　　）

(3)

（　　）

(4)

（　　）

(5)

（　　）

(6)

（　　）

(7)

（　　）

(8)

（　　）

(9)

（　　）

(10)

（　　）

得点　　点

解答と練習

特殊なくずし④異体字

（　）内は俗字および異体字

(1) 最（冣）

(2) 等

(3) 時（时）

(4) 違

(5) 迄（迠）

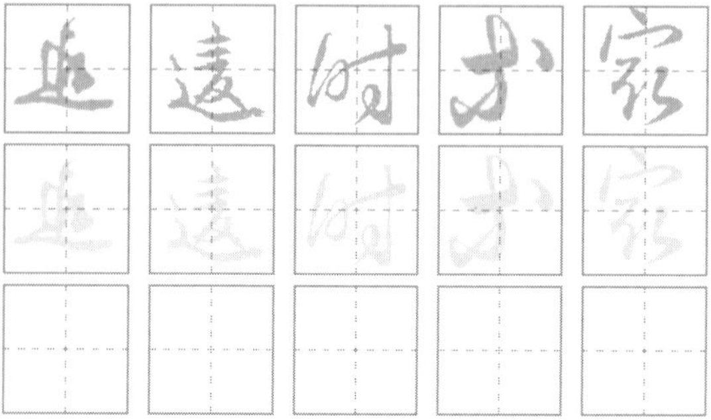

(6) 遊

(7) 略（畧）

(8) 慥

(9) 凡

(10) 恥（耻）

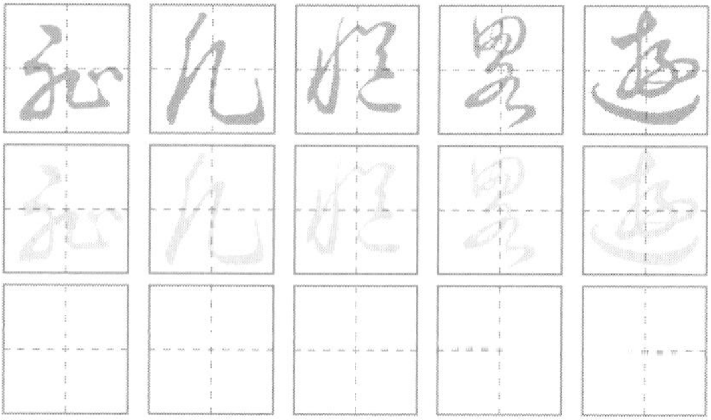

II

二字熟語編

地方《じかた》文書に見られる用語

得点
点

(1)

（　　　）

(2)

（　　　）

(3)

（　　　）

(4)
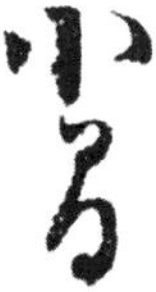
（　　　）

(5)

（　　　）

(6)

（　　　）

(7)

（　　　）

(8)

（　　　）

(9)

（　　　）

(10)

（　　　）

解答と練習

地方《じかた》文書に見られる用語

(1) 組頭《くみがしら》

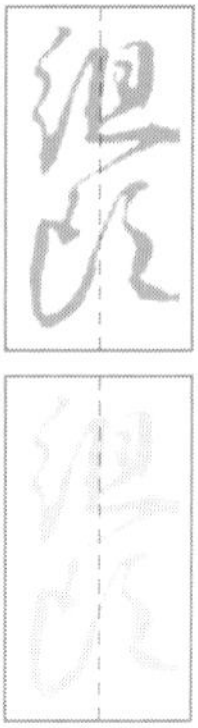

(2) 飛脚《ひきゃく》

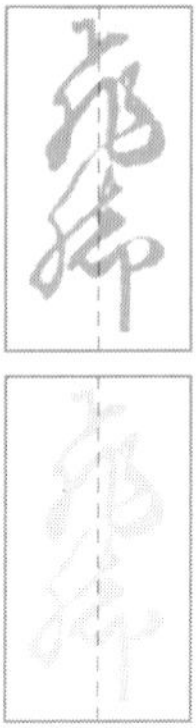

(3) 音物《いんもつ》

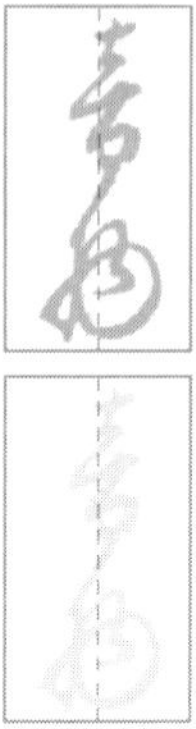

(4) 小間《こま》

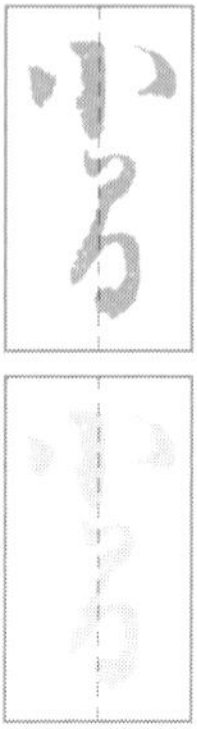

(5) 店借《たながり》

(6) 員数《いんずう》

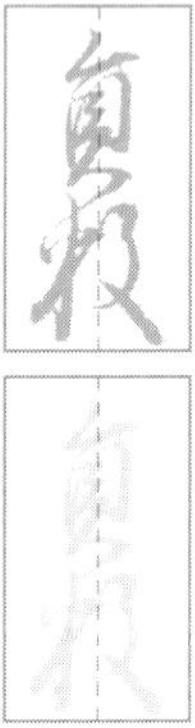

(7) 皆済《かいさい》

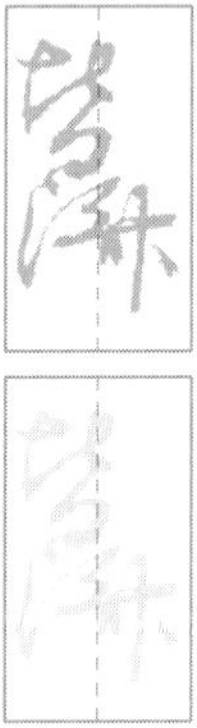

(8) 跡式《あとしき》

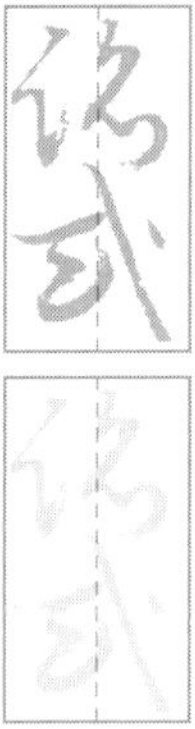

(9) 長屋《ながや》

(10) 請印《うけいん》

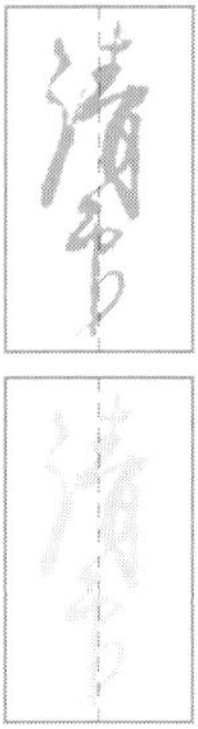

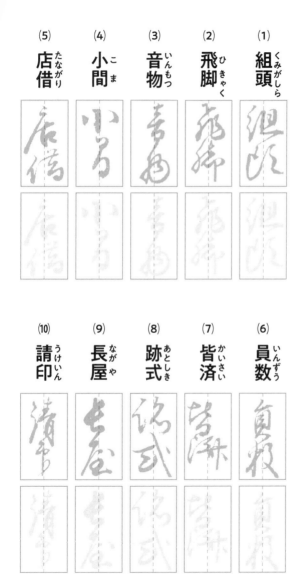

訴訟に関わる言葉

(1)

(2)

(3)

(4)
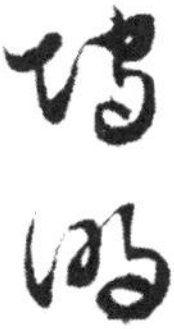

(5)

(6)

(7)

(8)

(9)

(10)

得点
点

解答と練習

訴訟に関わる言葉

(1) 訴訟《そしょう》

(2) 沙汰《さた》

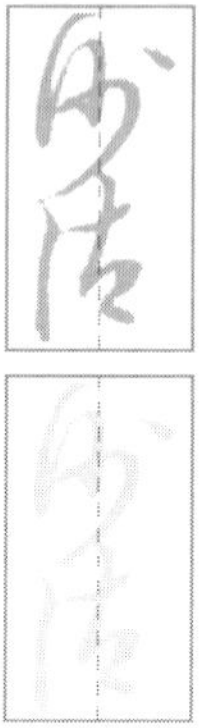

(3) 召捕《めしとり》

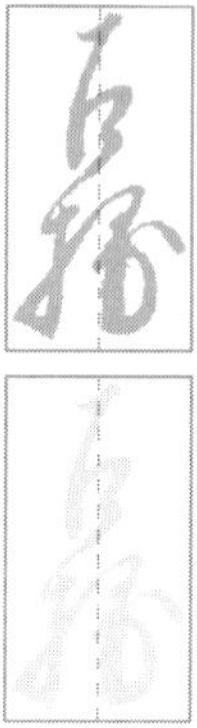

(4) 埒明《らちあけ》

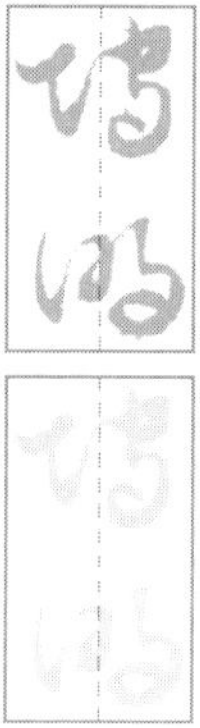

(5) 取立《とりたて》

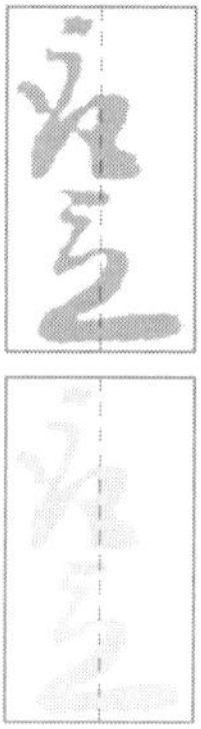

(6) 吟味《ぎんみ》

(7) 出銭《しゅっせん》

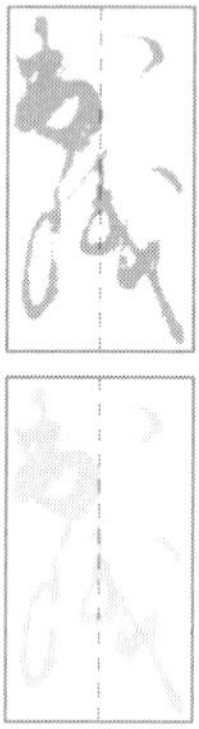

(8) 催促《さいそく》

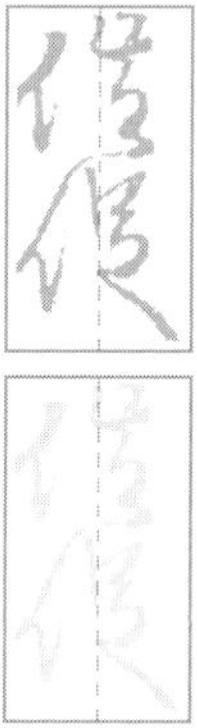

(9) 新規《しんき》

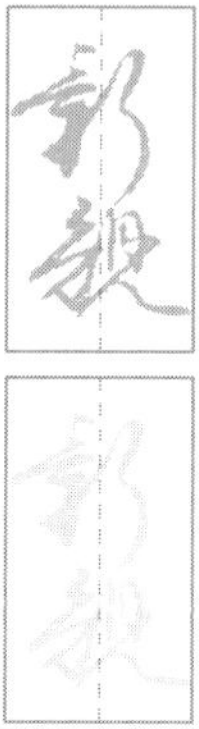

(10) 利欲《りよく》

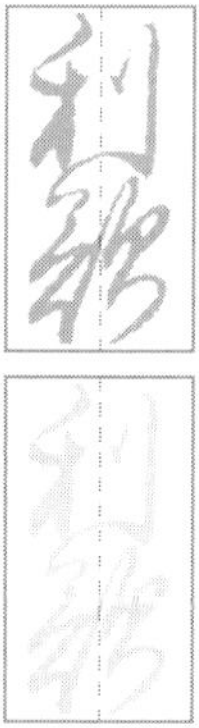

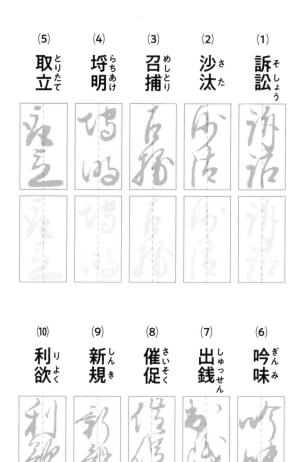

近世的な表現

得点
点

(1)
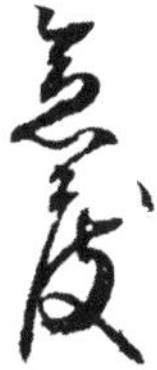
（　　　）

(2)
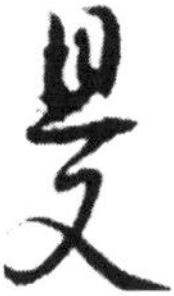
（　　　）

(3)
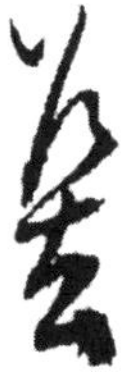
（　　　）

(4)
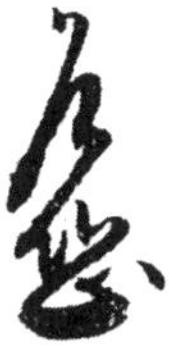
（　　　）

(5)
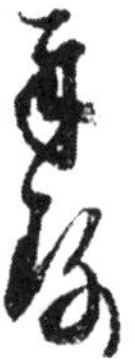
（　　　）

(6)
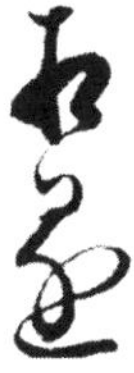
（　　　）

(7)
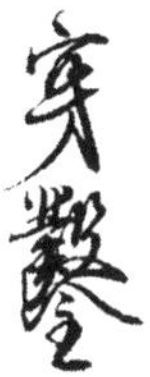
（　　　）

(8)
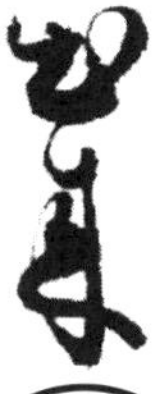
（　　　）

(9)
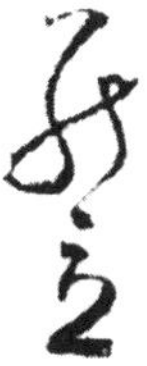
（　　　）

(10)
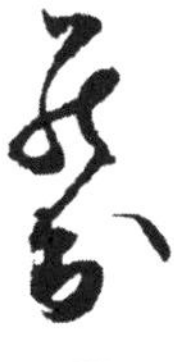
（　　　）

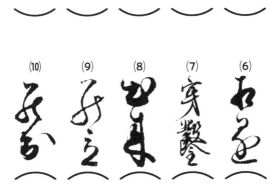

解答と練習

近世的な表現

(1) 急度《きっと》

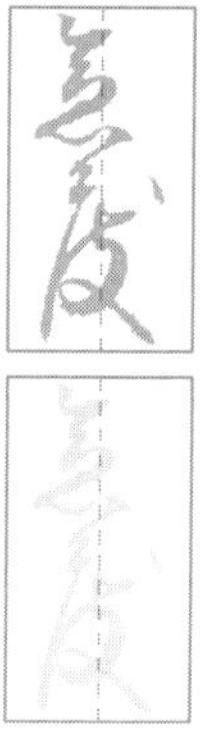

(2) 且又《かつまた》

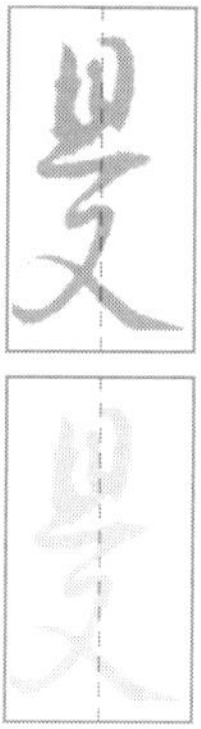

(3) 乍去《さりながら》

(4) 乍恐《おそれながら》

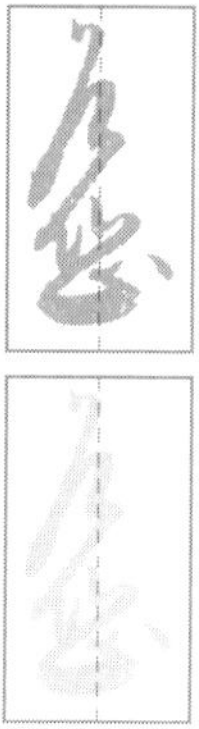

(5) 奉存《ぞんじたてまつる》

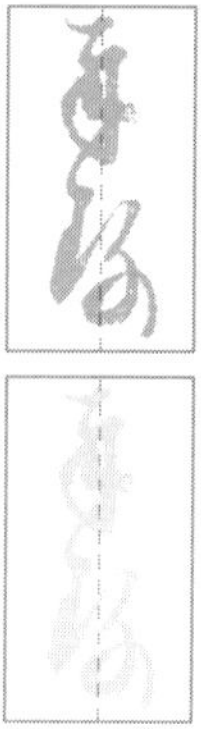

(6) 相懸《あいかけ》

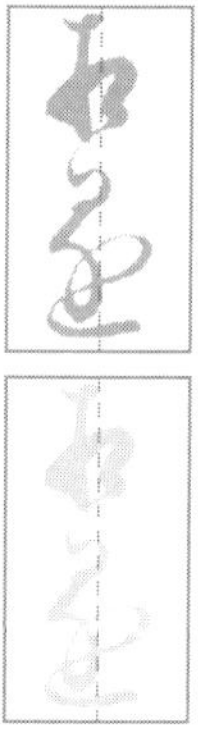

(7) 穿鑿《せんさく》

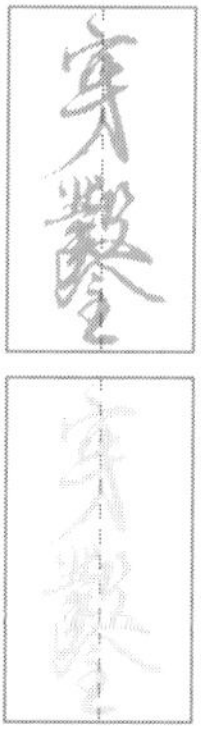

(8) 出来《しゅったい》

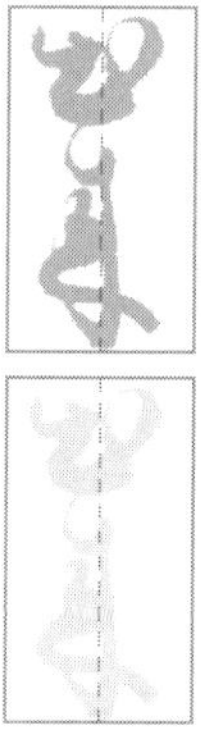

(9) 罷立《まかりたつ》

(10) 罷出《まかりいづ》

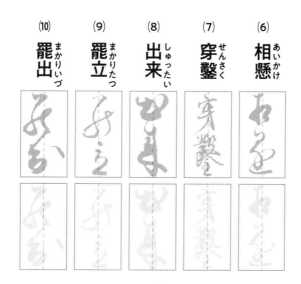

時を表す言葉

得点
点

(1)

(2)

(3)

(4)

(5)

(6)

(7)

(8)

(9)

(10)

解答と練習

時を表す言葉

(1) 朔日《ついたち》

(2) 晦日《つごもり》

(3) 日暮《ひぐらし》

(4) 日限《ひぎり》

(5) 向後《きょうこう》

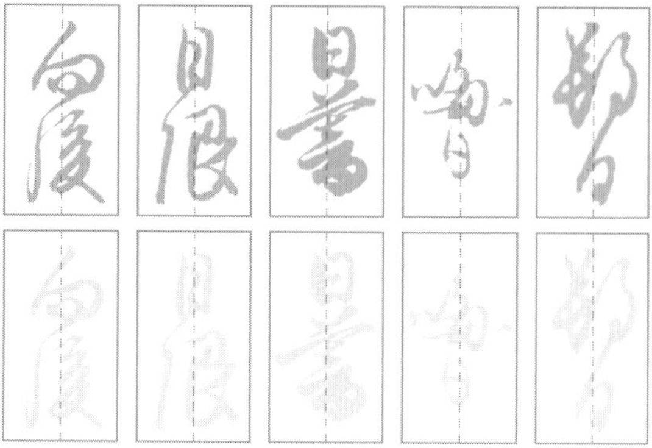

(6) 前廉《まえかど》

(7) 古来《こらい》

(8) 庚申《かのえさる》

(9) 酉刻《とりのこく》

(10) 丑閏《うしうるう》

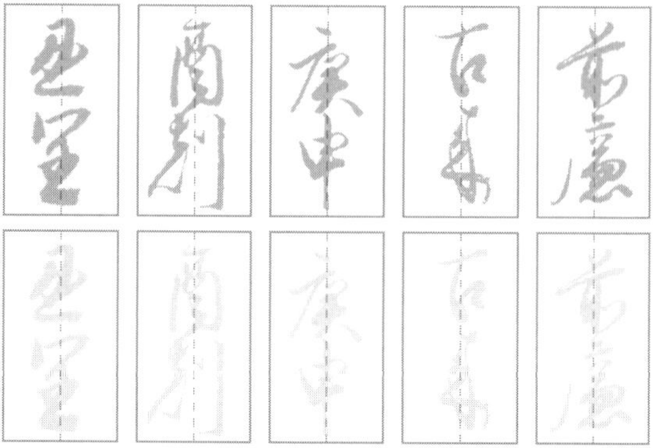

名詞

(1)

(2)

(3)

(4)

(5)

(6)

(7)

(8)

(9)

(10)

得点

点

解答と練習

名詞

(1) 名所《めいしょ》

(2) 観音《かんのん》

(3) 明神《みょうじん》

(4) 諸国《しょこく》

(5) 鍛冶《かじ》

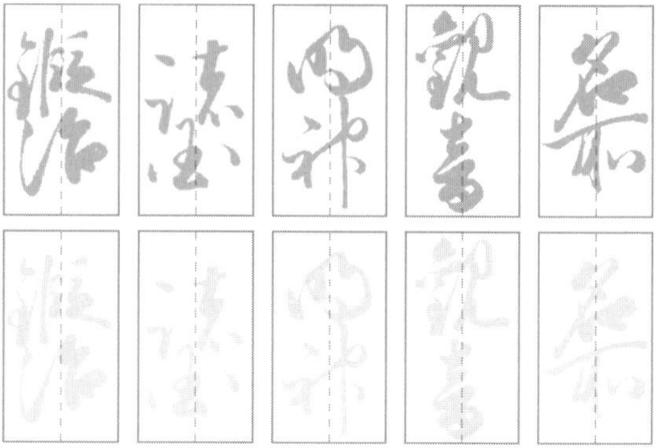

(6) 残金《ざんきん》

(7) 役所《やくしょ》

(8) 往来《おうらい》

(9) 商売《しょうばい》

(10) 返答《へんとう》

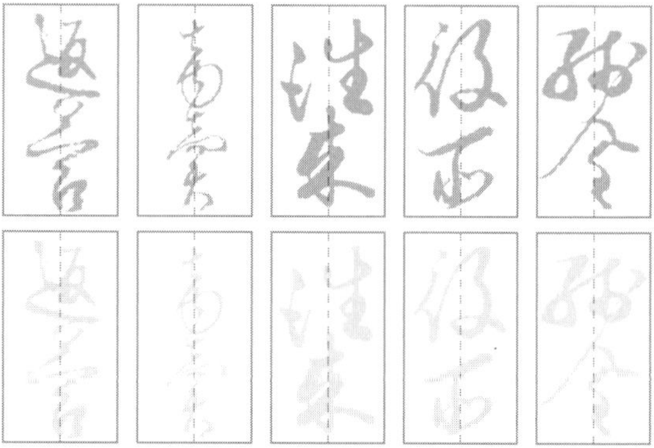

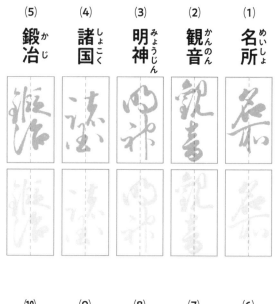

くずしに注目

得点
点

(1)
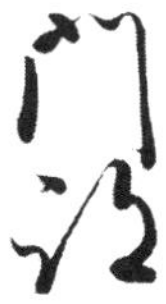

(2)
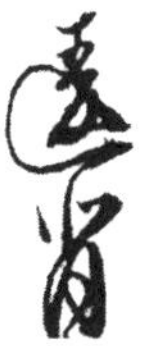

(3)
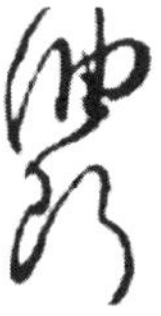

(4)
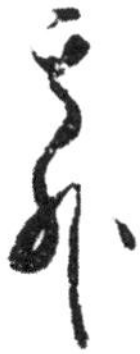

(5)
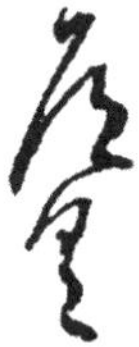

(6)
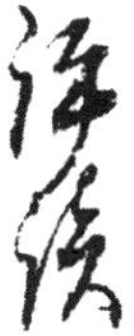

(7)
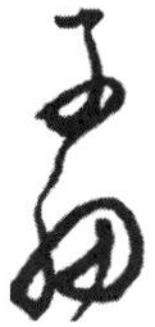

(8)
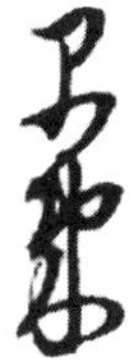

(9)
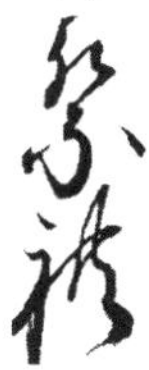

(10)
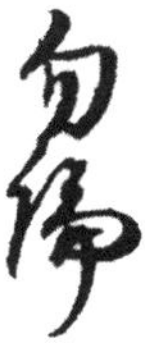

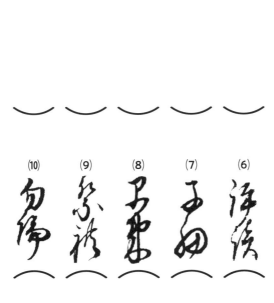

解答と練習

くずしに注目

（　）内は異体字および旧字

(1) 門跡《もんぜき》

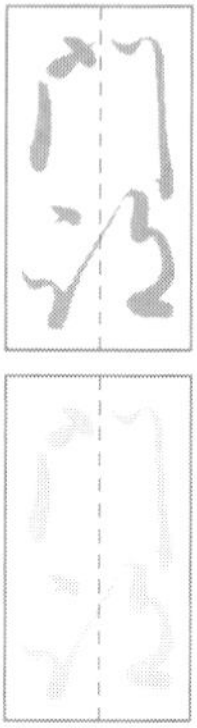

(2) 違背《いはい》（遠）

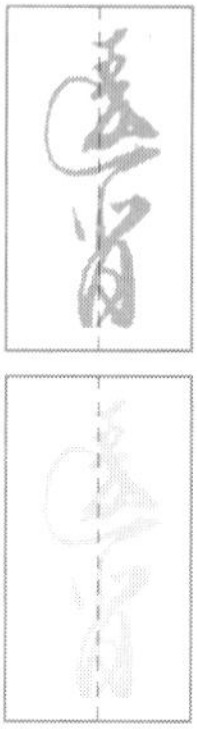

(3) 油断《ゆだん》

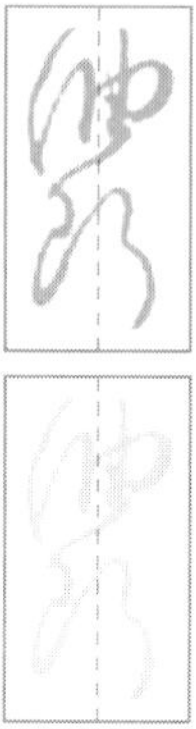

(4) 其外《そのほか》

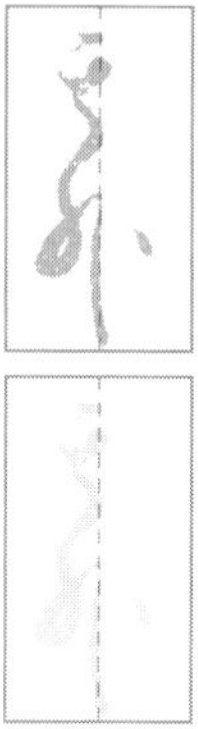

(5) 道具《どうぐ》

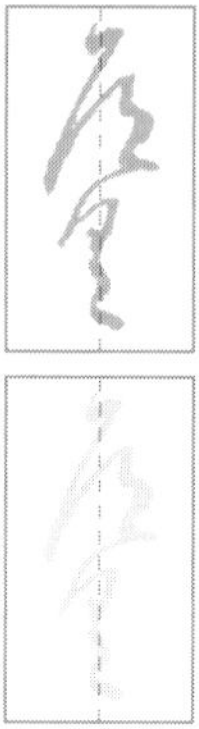

(6) 評談《ひょうだん》

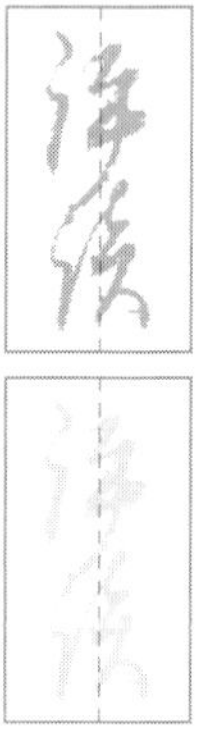

(7) 子細《しさい》

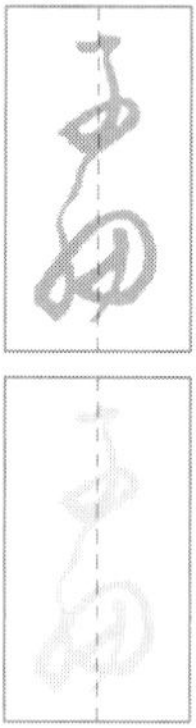

(8) 早束《さっそく》

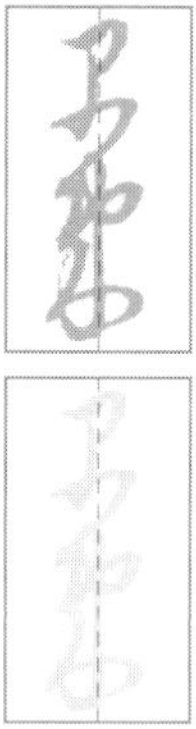

(9) 祭礼《さいれい》（禮）

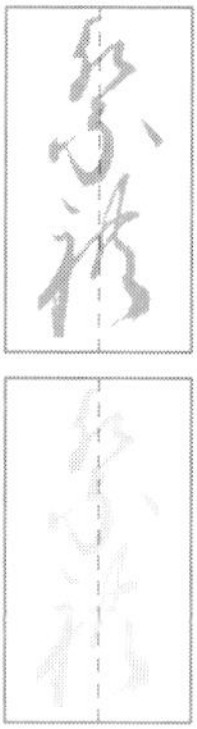

(10) 勿論《もちろん》

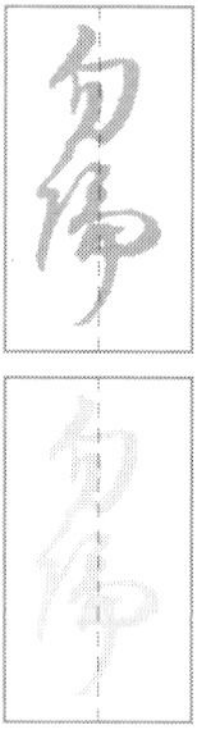

III

常用表現編

助詞の而・者・茂・与・江・二は、右に小字でそのまま表記します。

慣用表現1

得点　　点

(1)

(2)

(3)

(4)

(5)

解答と読み下し

慣用表現1

(1) 乍恐以書付奉願上候

恐れながら書き付けを以て願い上げ奉《たてまつ》り候

(2) 乍恐以書付御訴申上候

恐れながら書き付けを以て御訴え申し上げ候

(3) 右之趣可被相守者也

右の趣《おもむき》相守らるるべき者也

(4) 右之通可被相心得候以上

右の通り相心得らるべく候以上

(5) 右之通違背仕間敷候

右の通り違背《いはい》仕《つかまつ》りまじく候

違背　命令・規則・約束などを守らずそむくこと

慣用表現2

(1)

(2)

(3)

(4)

(5)

得点
点

解答と読み下し

慣用表現2

(1) **罷越相違無御座候**

罷《まか》り越し相違御座なく候

(2) **借用申処実正ニ御座候**

借用申す処実正《じっしょう》に御座候

(3) **筆紙難尽奉存候**

筆紙尽くし難く存じ奉《たてまつ》り候

(4) **仍執達如件**

仍《よっ》て執達《しったつ》件《くだん》の如《ごと》し

(5) **依之後日一札差上申候仍如件**

之に依《よっ》て後日一札《いっさつ》差し上げ申し候、
仍《よっ》て件《くだん》の如し

「～事」1

得点

点

(1) (2) (3) (4) (5)

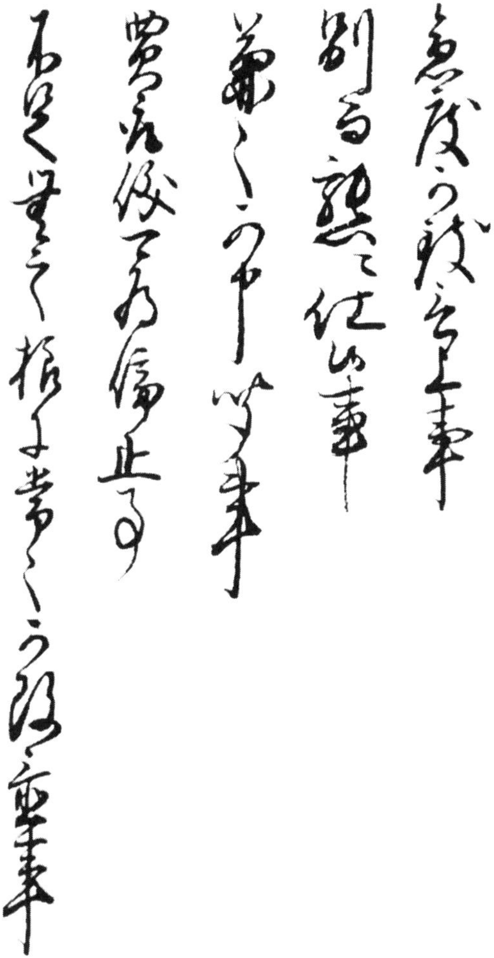

解答と読み下し 「〜事」1

(1) 急度可致言上事

急度《きっと》言上致すべき事

(2) 別而懇ニ仕候事

別して懇《ねんご》ろに仕り候事

(3) 兼々可申聞事

兼々《かねがね》申し聞かすべき事

(4) 買取儀可為停止事

買取の儀停止《ちょうじ》たるべき事

(5) 不足無之様ニ常々可改置事

不足之なき様に常々改め置くべき事

「〜事」2

(1)

(2)

(3)

(4)

(5)

得点
点

解答と読み下し

「〜事」2

(1) 遂穿鑿不審成者不在之様可申付事

(2) 少々怪我仕候ニ付無遠慮可被言上事

(3) 至下々迄兼而可申聞事

(4) 帰参之刻限可為酉刻以前事

(5) 若令違背者是又討捨又者搦捕事

穿鑿《せんさく》を遂げ不審成る者之《これ》在らざる様申し付けるべき事

少々怪我仕り候に付き遠慮無く言上せらるべき事

下々に至る迄《まで》兼ねて申し聞かすべき事

帰参の刻限酉《とり》の刻《こく》以前たるべき事

若し違背せしめば是又討ち捨て又は搦《から》め捕る事

「~候」1

(1) (2) (3) (4) (5)

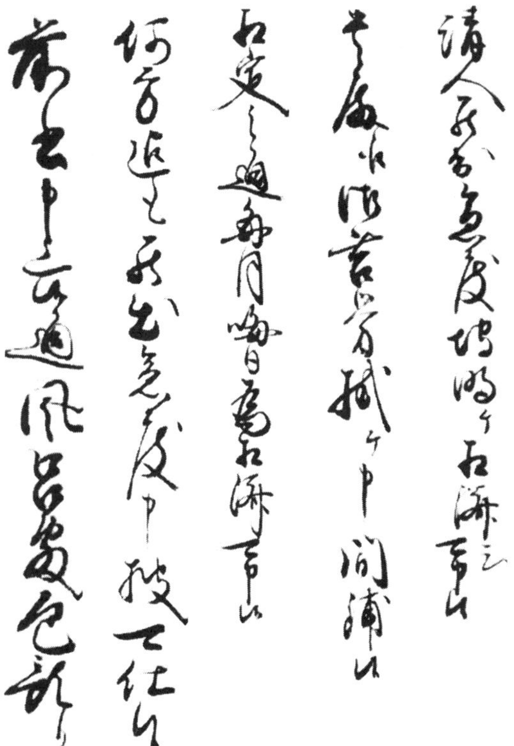

得点
点

解答と読み下し　「～候」1

(1) 請人罷出急度埒明ケ相済シ可申候

請け人罷《まか》り出で急度《きっと》埒《らち》明《あ》け相済まし申すべく候

(2) 貴殿江御苦労掛ケ申間鋪候

貴殿へ御苦労掛け申すまじく候

(3) 相定之通毎月晦日為相済可申候

相定めの通り毎月晦日《つごもり》相済まさせ申すべく候

(4) 何方迄も罷出急度申披可仕候

何方迄《いずかたまで》も罷《まか》り出で急度申し披《ひら》き仕るべく候

(5) 前書申上候通風呂敷包預り候

前書に申し上げ候通り風呂敷包み預かり候

「埒明ケ」…物事にかたがつく

「〜候」2

(1)

(2)

(3)

(4)

(5)

得点

点

解答と読み下し　「〜候」2

(1) **此段何分御慈悲奉願上候**

この段何分《なにぶん》御慈悲願い上げ奉り候

(2) **御承知被下忝存候**

御承知下され忝《かたじけな》く存じ候

(3) **右之通荒増申上候**

右の通り荒増《あらま》し申し上げ候

(4) **御用心可被成候旨申上候**

御用心成さるべく候旨《むね》申し上げ候

(5) **於私可申上様無御座候**

私に於いて申し上ぐべく様《よう》御座無く候

「何分」…いくらか

右寄せ小字1

(1)

(2)

(3)

(4)

(5)
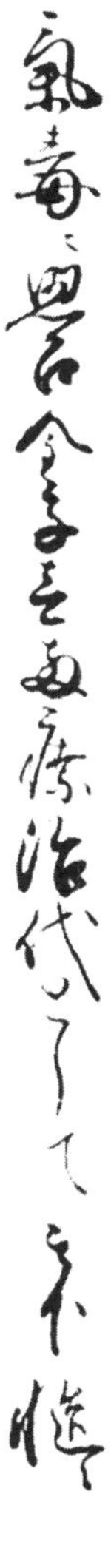

得点
点

解答と読み下し

右寄せ小字1 助詞の「而・者・茂・与・江・ニ」は右寄せ小字に

(1) **被成下候儀ニ御座候得者**

成し下され候儀に御座候得ば

(2) **右品紛失致候而者先方江申訳難相立**

右品紛失致候ては先方へ申し訳相立ち難く、

(3) **追々懸合候上ニ而双方ゟ**

追々懸《か》け合《あ》い候上にて双方より

※「ゟ」は「より」と読む

(4) **御公儀様御法度之儀者不及申**

御公儀様御法度《ごはっと》の儀は申すに及ばず

(5) **気毒ニ思召金子壱両療治代として被下慥ニ**

気の毒に思《おぼ》し召《め》し金子《きんす》壱両療治代として下され慥《たし》かに

「懸合」…話し合うこと、談合

右寄せ小字2

(1)　(2)　(3)　(4)　(5)

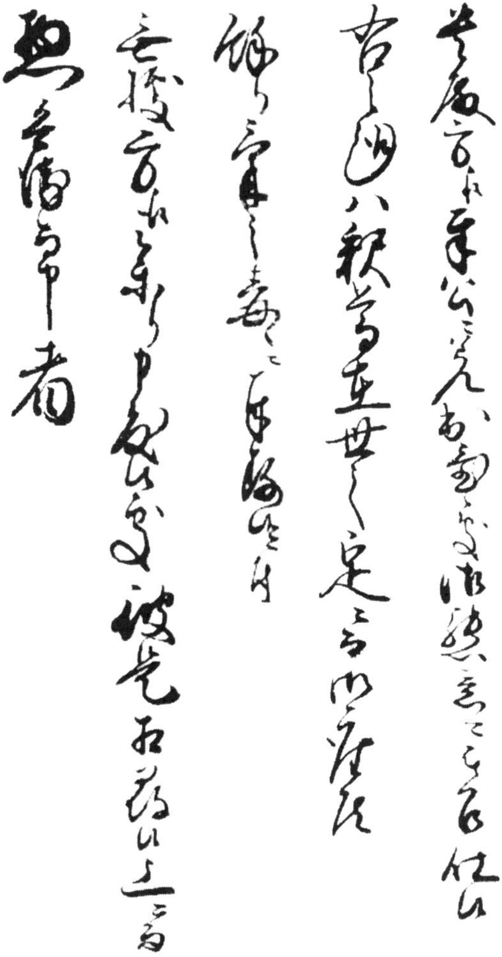

得点

点

解答と読み下し

右寄せ小字2

(1) 貴殿方江奉公ニ差出置候処御懇意ニ
被召仕候

(2) 右之趣ハ釈尊在世之定ニ而御座候

(3) 余り気之毒ニ奉存候ニ付

(4) 無拠方江参り申度候処彼是
相尋候上ニ而

(5) 惣兵衛与申者

貴殿方へ奉公《ほうこう》に差し出し置き候処御懇意に
召《め》し仕《つか》わされ候

右の趣《おもむ》きは釈尊在世の定めにて御座候

余り気の毒に存じ奉り候に付

拠《よんどころ》　無《な》き方へ参り申したく候処彼是《かれこれ》
相尋ね候上にて

惣兵衛と申す者

文章の一節1

得点
点

(1)
(2)
(3)
(4)
(5)

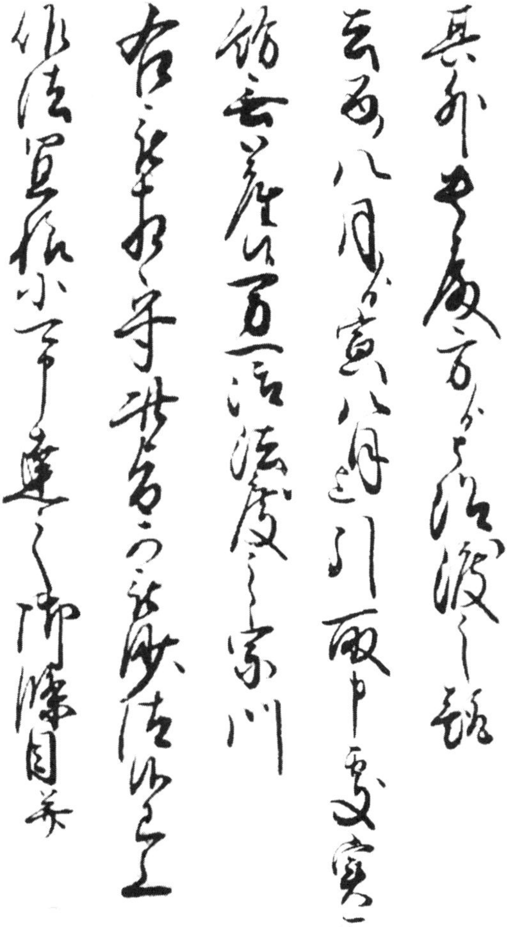

解答と読み下し

文章の一節1

(1) 其外貴殿方ゟ被仰渡之趣

(2) 去酉ノ八月ゟ寅八月迄引取申処
実正也

(3) 紛無御座候万一御法度之宗門

(4) 右被相守此旨可被沙汰候已上

(5) 作法宜様に可申達之御条目并

其の外貴殿方より仰せ渡さるるの趣《おもむき》

去る酉《とり》の八月より寅八月迄引き取り申す処
実正也

紛れ御座無く候万一御法度の宗門

右此の旨を相守られ沙汰《さた》せらるべく候已上《いじょう》

作法宜しき様に申し達さるべくの御条目并《なら》びに

「沙汰」…裁断・処理・訴訟

文章の一節2

得点　　点

(1)　(2)　(3)　(4)　(5)

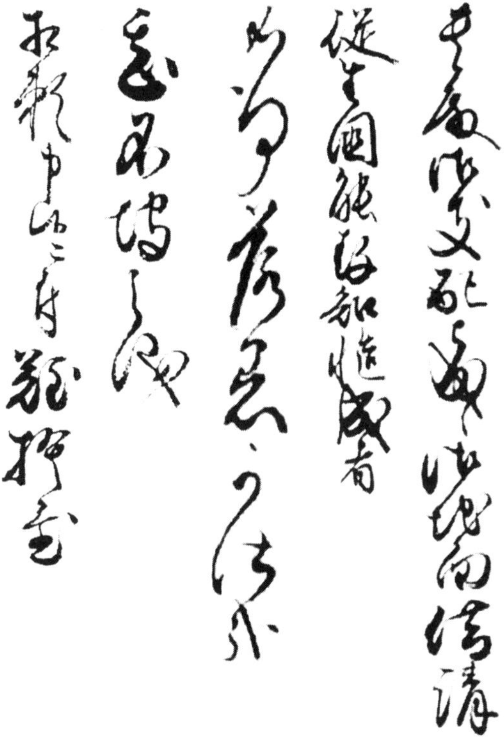

解答と読み下し　文章の一節2

(1) 貴殿御支配被成候御地面借請

貴殿御支配成され候御地面借り請け

(2) 従生国能存知慥成者

生国より能く存知慥《たし》か成る者

(3) 如何落着可仕哉

如何《いかが》落着《らくちゃく》仕るべきや

(4) 甚不埒之儀

甚《はなは》だ不埒《ふらち》の儀

(5) 相頼申候ニ付難捨置

相頼み申し候に付き捨て置き難く

「地面」…土地・地所

文章の一節3

得点

点

(1)

(2)

(3)

(4)

(5)

解答と読み下し

文章の一節3　（ ）内は旧字

(1) **江戸御下知有之迄ハ**

江戸御《ご》下《げ》知《ち》之有る迄《まで》は

(2) **堅為御制禁之旨**

堅く御制禁たるの旨《むね》

(3) **御相談之上代金五拾両ニ売払申候**

御相談の上代金五拾両に売払い申し候

(4) **急度相慎出情仕候様仕度段申之**

急度相慎み出情(正しくは精)仕り候様仕りたき段之を申す

(5) **依之各様御加判被成下**

之に依て各様御加判成し下され

「出情」（出情）…精を出して努力する

[illegible]数見られることから、これを誤記と断定するのではなく、出情とそのまま解読します。

文章の一節4

得点　　点

(1)　(2)　(3)　(4)　(5)

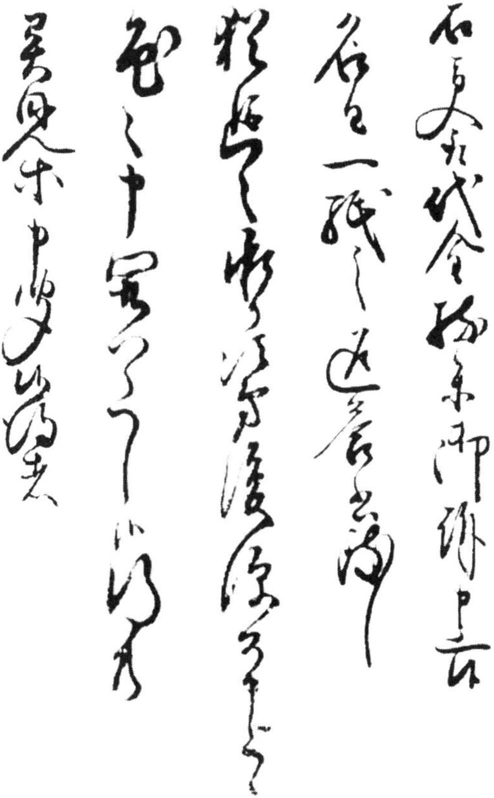

解答と読み下し

文章の一節4

(1) 右受取代金持参御訴申上候

右受け取り代金持参御訴え申し上げ候

(2) 名主一紙之返答書致し

名主《なぬし》一紙の返答書致し

(3) 猶追々承り次第後便可申上候

猶《なお》追々承り次第後便《こうびん》申し上ぐべく候

(4) 色々申開いたし候得共

色々申し開きいたし候得共

(5) 異見等申聞候得者

異見等申し聞かせ候得ば

「後便」…この次のたより

二行問題1

(1)

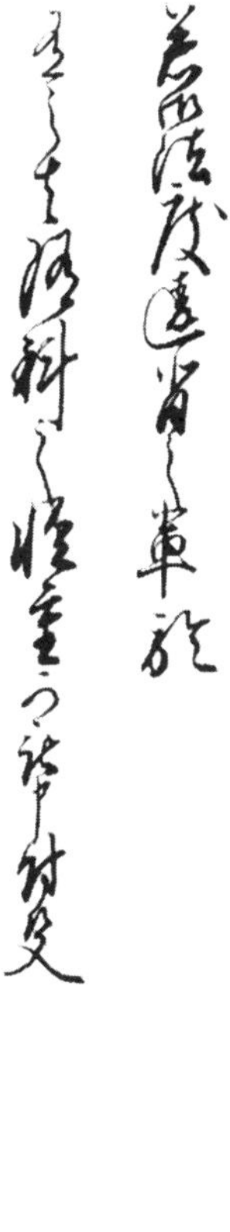

(2)

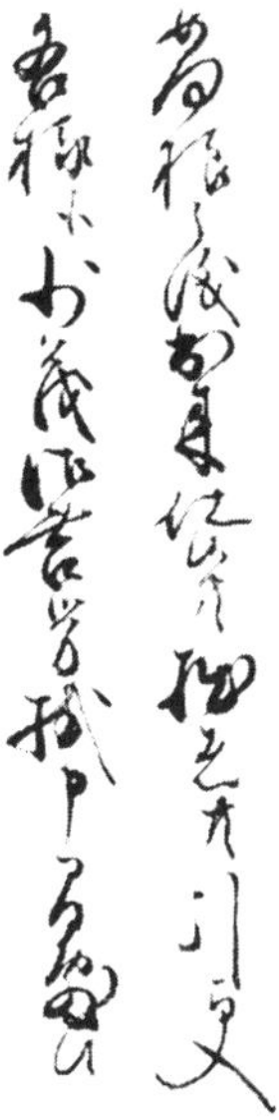

(3)

得点
点

解答と読み下し

二行問題1

(1)
若御法度違背之輩於
有之者随科之軽重可被申付事

若し御法度違背の輩之有るに於いては科の軽重《けいちょう》
に随って申し付けらるべき事

(2)
如何様之儀出来仕候共拙者共引受
各様江少茂御苦労掛申間敷候

如何様の儀出来《しゅったい》仕り候共拙者《せっしゃ》共引き受け各様
へ少しも御苦労掛け申すまじく候

(3)
悪事相頼族於有
之者可申出之段

悪事相頼む族《やから》之有るに於いては
申し出づべきの段

二行問題2

(1)

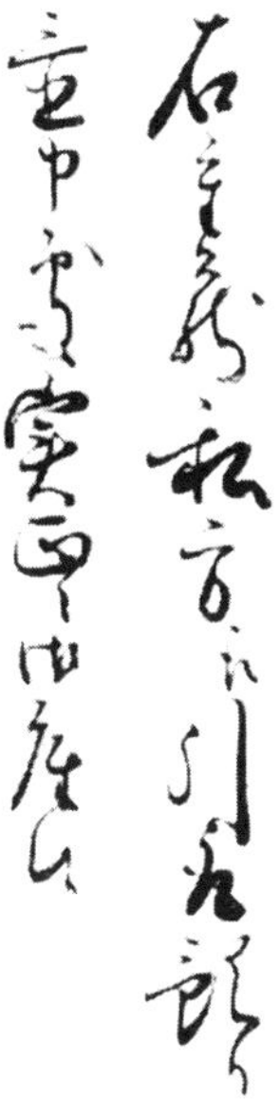

(2)

(3)

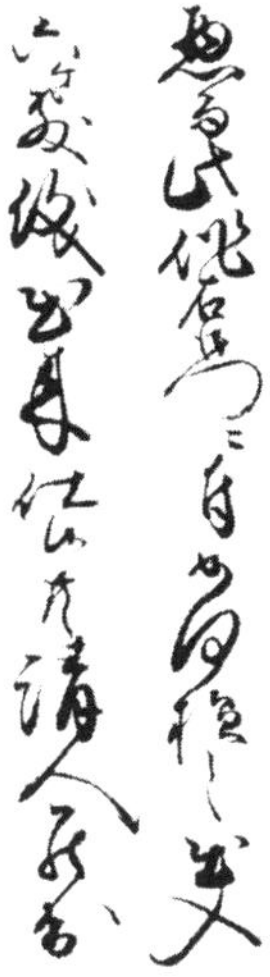

得点

点

解答と読み下し

二行問題2

(1)

右重蔵私方江引取預り
置申処実正ニ御座候

右重蔵私方へ引き取り預り
置き申す処実正に御座候

(2)

歴年序於悪成者其節伺之上
可任差置事

年序を歴《へ》て悪《あ》しく成るに於いては其の節伺《うかがい》の上
任せ差し置くべき事

(3)

総而此作右衛門ニ付如何様之出入
六ケ敷儀出来仕候共請人罷出

総じて此の作右衛門に付き如何様《いかよう》の出入り
六ケ敷《むづかしき》儀出来《しゅったい》仕り候共請け人罷《まか》り出で

(3)の「総」は「惣」の新字。ただし「惣村」などの歴史用語はそのまま「惣村」と書く。

二行問題3

(1)

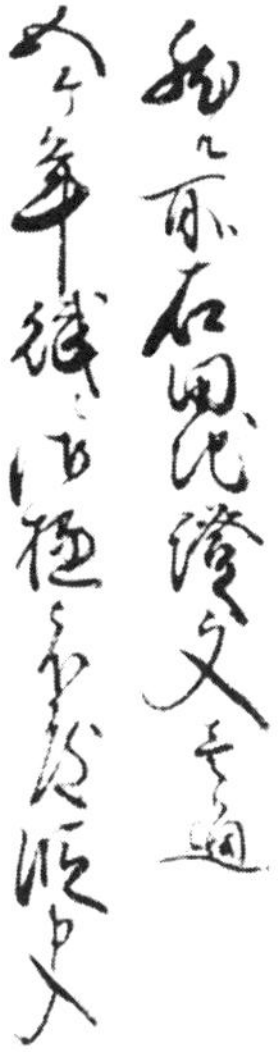

(2)

(3)

得点　　点

解答と読み下し　二行問題3

(1)

然ル所右田地証文壱通五ケ年賦ニ御極被下度段申入

然ル所右田地証文壱通五ケ年賦に御極《おき》め下されたき段申し入れ

(2)

地代幷店賃前々見合候而者何年以前之頃ゟ引上ケ候哉

地代幷《ならび》に店賃《たなちん》前々《ぜんぜん》見合い候ては何年以前之頃より引上げ候哉

(3)

如何之訳ニ而私共江火消入用相掛ケ候哉

如何《いかが》の訳にて私共へ火消入用《にゅうよう》相掛け候哉

「年賦」…納付または返済すべき金額を年額いくらと割り当てて払うこと
「地代」…借地料

長文1

(1)

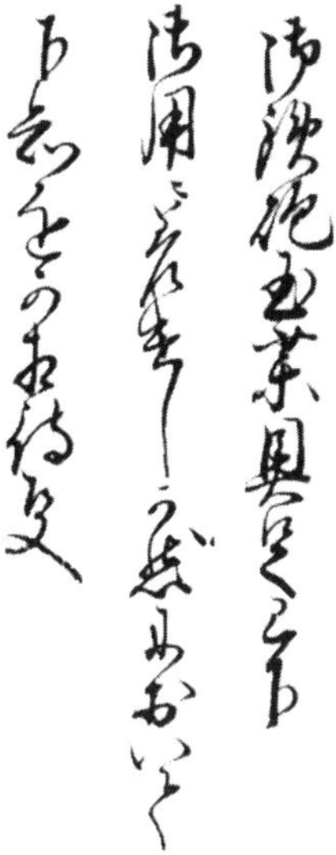

(2)

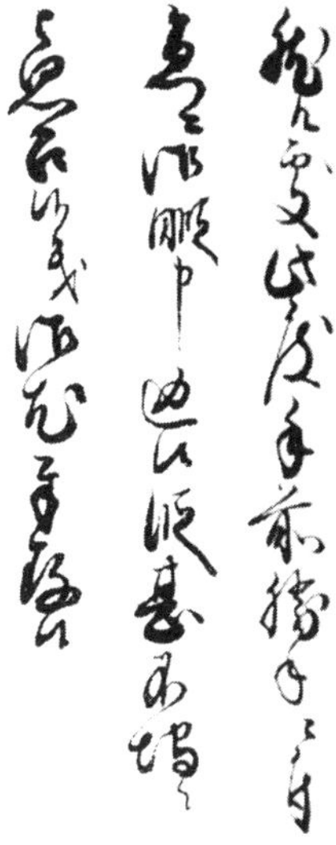

得点

点

解答と読み下し

長文1

(1)
御鉄砲玉薬具足已下
御用ニ差遣し可然において
下知を可相待事

(2)
然ル処此度手前勝手ニ付
急ニ御暇申込候段甚不埒ニ
被思召候義御尤奉存候

御鉄砲玉薬具足《ぐそく》已下御用に差《さ》し遣《つか》わし然《しか》るべき
において下知を相待つべき事

然る処此の度《たび》手前勝手に付き急に御暇《おいとま》申し込
み候段甚《はなは》だ不埒《ふらち》に思し召され候義御尤《ごもっとも》に存じ
奉り候

長文2

(1)

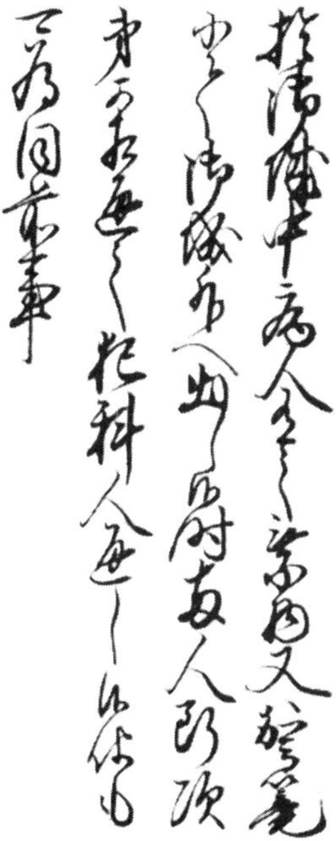

(2)

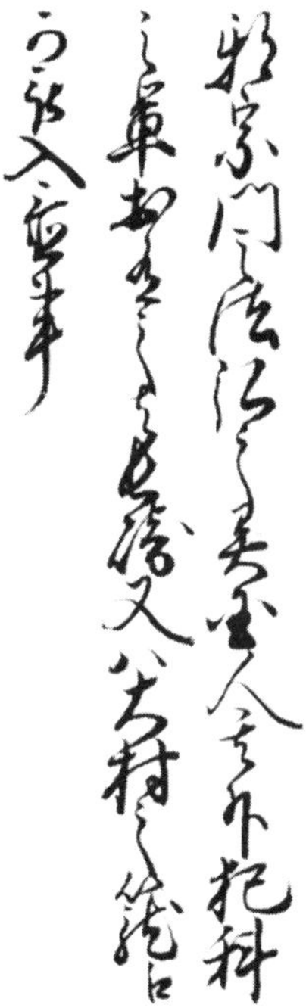

得点

点

解答と読み下し

長文2

(1)

於御城中病人有之案内又駕籠にて御城外へ出し候時両人断次第可相通之犯科人通し候儀も可為同前事

御城中に於いて病人之有り案内又駕籠《かご》にて御城外へ出し候時両人断り次第之を相通すべし犯科《はんか》人《にん》通し候儀も同前《どうぜん》たるべき事

(2)

邪宗門之法弘之異国人其外犯科之輩於有之者長崎又ハ大村之籠江可被入置事

邪宗門《じゃしゅうもん》の法弘むるの異国人其外犯科の輩《ともがら》之《これ》有るに於いては長崎又は大村の籠《ろう》へ入れ置かるるべき事

長文3

(1)

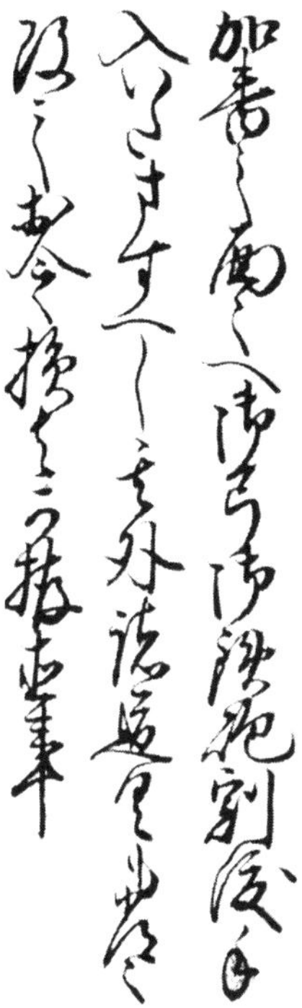

(2)

得点　　点

解答と読み下し

長文3

(1)

加番之面々へ御弓御鉄砲割渡手入いたさすへし其外諸道具も常々改之於令損者可拵置事

加番《かばん》の面々へ御弓御鉄砲割渡し手入れいたさすべし其外諸道具も常々之を改め損ぜしむるに於いては拵《こしら》え置くべき事

(2)

万一不慮之儀令出来者京都所司代江相達之上可有注進事
附急に人数等可入時者郡山城主へ可被申越事

万一不慮の儀出来《しゅったい》せしめば京都所司代へ相達しの上注進《ちゅうしん》有るべき事
附けたり急に人数等入れるべき時は郡山城主へ申し越さるるべき事

小林正博

こばやし・まさひろ

一九五一年東京都生まれ。博士（文学）。現在、一般社団法人古文書解読検定協会代表理事、東洋哲学研究所主任研究員、日本古文書学会会員、東京富士美術館評議員、学園都市大学古文書研究会顧問。生涯学習インストラクター古文書1級、博物館学芸員、図書館司書。著書に『日蓮の真筆文書をよむ』（第三文明社）『実力判定　古文書解読力』（柏書房）『読めれば楽しい！古文書入門』『これなら読める！くずし字・古文書入門』『書ければ読める！くずし字・古文書入門』（潮出版社）など。

潮新書 030

解いて覚える！ くずし字・古文書ドリル

2019年 9月20日 初版発行
2019年 11月 2日 2刷発行

著者｜小林正博
発行者｜南 晋三
発行所｜株式会社潮出版社
〒102-8110
東京都千代田区一番町6 一番町SQUARE
電話 ■ 03-3230-0781（編集）
■ 03-3230-0741（営業）
振替口座 ■ 00150-5-61090

印刷・製本｜株式会社暁印刷
ブックデザイン｜Malpu Design

ISBN978-4-267-02199-2